ダイヤモンド社

そのまま使える！
ビジネスマナー・文書

中川路 亜紀

手紙、メール、FAX、電話の
書き方、伝え方、話し方

この本の特徴

段取りとテンプレートで、すぐに仕事ができる!

この本は、アポイントをとる、伝言を受ける、ミスのお詫びをするなど、よくあるビジネスシーンごとの①仕事の進め方と②具体的な言い回しや文例などのテンプレートを掲載。どういう順番で、何をやればいいのかがつかめます。電話で伝えればいいのか、それともメールなのかといったツールの選び方もわかります。机の上に置いておけば、すぐに使えますよ!

具体的
よくあるビジネスシーンごとにまとめました!

基本動作

01 訪問のアポイントをとる

仕事の打ち合わせなどで相手を訪問するときの段取りは、どうしたらいいでしょう?

仕事の進め方

- Ⓐ 電話でお願い
  - 何度かけても不在・外出中 → メール・ファクスで連絡
  - 予定が合わない → 先に延ばして日程調整 Ⓒ
  - 会う必要を感じてもらえない → 資料等を送付してアピール
  - だめなら → 延期・出直し Ⓑ
- Ⓓ OK → 必要に応じて確認の連絡を入れる → 訪問

📝 はじめてのアポどり、基本は電話で!
初めての仕事や、気をつかう相手には、まず電話でお願いするのが原則。文字だけよりも、声を聞けたほうが、相手は気持ちよく応じられるはず。
つかまらない相手に早く連絡したいときは、メール・ファクスを使ってもよい(左ページ)。

Ⓐ **アポを申し込む 電話** 📞

便利フレーズ

■ 電話をかける前に…
- 訪問の用件をどのように説明するか考えておく。
- 訪問日時の候補をあげておく
- (同行者がいる場合は都合を聞いておく)
- 必要な資料やメモをとる紙を用意。

■ お願いを切り出す1
「お忙しいところ、たいへん恐縮ですが、○○の件につきまして、ぜひお目にかかってご相談したいと思っております。来週中再来週あたりで、一時間ほどお時間をいただくわけにはまいりませんでしょうか」

■ お願いを切り出す2
「実は、○○の件なのですが、そろそろ

ツールがわかる
電話、メール、ファクス、手紙など、どのツールを使えばいいのかひと目でわかります。

リンクしている

仕事の流れと
具体的なテンプレートが
ⒶⒷⒸなどの記号で対応しています。

段取りがつかめる

仕事の進め方が、流れで理解できます！
どういう順番で何をやればいいのか、
まずはこの図で把握しましょう。

テンプレートつき

文例・言い回しなど、
テンプレートを、
そのまま
活用できるので便利！

Ⓑ 不在・外出中の相手に メール

```
お世話になっております。
□□営業部一課の林と申します。
このたび、○○の春季キャンペーンを、担当させていた
だくことになりました。
どうかよろしくお願い致します。

本日お電話を致しましたが、10日まで海外にご出張中と
うかがい、失礼ながらメールにてご連絡を差し上げます。

キャンペーン実施案について、近々のうちに一度、打ち
合わせをさせていただく必要があり、お忙しいところ誠
に恐縮ですが、10日から20日のあたりで、1時間ほど
お時間をいただけないものかと考えております。

ご帰国後にお電話でご都合をお聞きするつもりではござ
いますが、
できましたら、メールのご返信をいただけましたらたい
へん幸いに存じます。
なにとぞよろしくお願い申し上げます。
-----
株式会社□□　営業部一課　林　弘子
電話 00-0000-0000　FAX 00-0000-0000
hayashi.hiro@kakukaku.co.jp
```

挨拶
なぜメールにしたのか、理由を書いておく
用件（アポイントのお願い）
しめくくりのお願い

日常業務でやりとりがあり、
メールを使いこなしている相
手であれば、2回目以降は、
最初からメールでもよい。

■ 日程調整をする
「たいへん申し訳ありません。あいにく
その日は先約がございまして…。翌日26
日の午後はいかがでしょうか」

打ち合わせをしなくてはならない時期に
なっております。お忙しいところたいへ
ん申し訳ないのですが、今月中に一度、
そちらにおうかがいしたいと思っており
ます。ご都合はいかがでしょうか」

■ 日時を確認する1
「ありがとうございます！ では、26日
の午後にうかがいます。お時間は、2時
ごろではいかがでしょうか？」

■ 日時を確認する2
「承知致しました。では、26日午後3時
に、課長の石井と2名でうかがいます。
受付をお訪ねすればよろしいでしょう
か？」

■ しめくくる
「ありがとうございました。それでは、
26日よろしくお願い致します」

使い方

この本を
机の上に置いて、
すぐに
使えるように
しましょう！

ワンポイント・アドバイス

注意する点や電話・メールなどの
使い分けのアドバイスもあります！

はじめに

どう使い分ける？ メール・電話・ファクス・手紙

これまで、電話やファクス、郵送文書（以下、手紙と呼びます）を使って行われていたやりとりのかなりの部分が、Eメール（以下、メールと呼びます）へと移っています。でも、ビジネスコミュニケーションをスムーズに行うためには、メールだけでは不十分です。メール・電話・ファクス・手紙には、それぞれコミュニケーションツールとしての特性があります。仕事の場面ごとに、ツールの特性を考え、うまく使い分けたり組み合わせたりして、段取りよく、正確に、失礼のない意思疎通を図ることが大切です。この本では、さまざまなビジネスシーンを例に挙げ、ツールの使い分けをわかりやすく説明しています。

分けよう！

たとえば…
Kくんが新しい取引先と仕事を始めるまで

① A社に初めて**電話**でアポイント。
- 初めての相手には、まず声を聞いてもらって安心してもらおう。

② 同時に、会社の資料に手紙をつけて**郵送**。
- グラビア印刷のパンフレット、美しくファイリングした資料など、「手にとれるもの」のアピール力を活かす。

③ **会って面談**。責任者・担当者もともども顔合わせ。グッと関係が近づいて、契約を結ぶことに。
- 「会う」は、信頼関係をつくる重要なステップ。

仕事の流れに合わせて、ツールを使い

④ A社の担当者と**メール**で打ち合わせ。取引条件など細かいことを、上司と相談しながら詰める。
- 業務連絡は、メールが便利。記録にも残るので、行き違いも防げる。

⑤ A社に契約書の文案を**ファクス**で送信。すぐに見てくれて、修正がファクスで返信されてきた。
- ちょっとしたチェックは、ファクスが便利。訂正を記入するのも簡単。

⑥ ところが、修正を見ると、契約について誤解が…。A社の担当者に**電話**連絡。ていねいに説明した。検討するとの返事でドキドキ。
- デリケートな問題は、電話で声を聞きあいながら話したほうが、誠意が伝わりやすい。

⑦ A社より、修正の件は勘違いだったという**電話**連絡が入る。担当者は平謝り。こちらも説明不足を詫びて、気持ちよく電話を切る。
- 電話は、気持ちを伝えやすい。

⑧ 契約書を届けに、A社を訪問。担当者と**会って面談**。気軽に雑談できる関係になれた！
- 節目節目に「会って話す」も、信頼関係を厚くするテクニック。

⑨ **メール**で最初の注文について連絡をとりあう。無事にA社との取引が始まった。
- 日常的な業務連絡は、メールで十分。

ケース別　4つのツールの特性

メール・電話・ファクス・手紙

それぞれのツールの特性を整理すると、左図のようになります。この特性を頭に入れて、最適のツールを用いた段取りを考えるようにします。

ファクス

★★☆
地図や図も、簡単に送れるので便利。記入・訂正して返信してもらうにも、都合がよい。

★★☆
すぐに届けられるが、相手が席にいないと見てもらえないことも。

★★☆
不在でも送ることができて、メール同様、相手を拘束しない。

★☆☆
礼をつくすには向かないツール。

★★☆
パソコンのように「立ち上げる」手間もなく、何でもそのまま送れて、受け取れて便利。ただし、画質は落ちる。

・地図を送る
・見積書を送る

手紙

★☆☆
手間がかかる。

★☆☆
作成時間も郵送時間もかかる。

★★★
相手の機材や紙を使わないで送ることができる手紙は、いちばん相手に負担をかけないツール。

★★★
手間がかかるぶん、ていねいさを表現できるツール。フォーマルなお知らせは、やはり手紙で。

★★★
絵や写真も、そのままの精度で、相手に届けることができる。

・パンフレットを送る
・フォーマルな招待状・お礼状

こんなとき…	📧 メール	📞 電話
手軽さという点では…	★★★ 文章を考える手間はかかるけど、返信、引用も簡単にできて、そのまま記録に残るので、便利。	★★★ 書く手間がなく速い。ただし、記録が残らないので、メールや手紙などのフォローが必要なことも。
速さという点では…	★★☆ 膨大な情報量も、瞬時に送ることができるが、相手が受信箱を開くまでは、伝わらない。	★★★ 音声でリアルタイムで伝えられ、すぐに返答が得られる。
忙しい相手の邪魔をしないという点では…	★★☆ 相手が都合のよいときに読める。ただし、毎日、何十通ものメール処理に追われる人もいるので、内容はコンパクトに。	★☆☆ 通話中、相手を拘束するので、「今、お話ししてもよろしいでしょうか?」など、相手の都合を聞いてから話すこと。
礼をつくしたいという場合は…	★★☆ メールに慣れている相手なら、メールでOKな場合も多いが、改まった挨拶・招待は手紙、深刻なお詫びはまず電話を。	★★☆ 何かにつけて「目上の人へは手紙で」と言われるが、気持ちを生で伝えたいときは、電話のほうがよいこともある。
絵や写真などのイメージを伝達するには…	★★☆ 添付ファイルで画像も送れるし、HTML形式のメールなら、文字のデザインもできる。ただし、容量が大きくなる。	★☆☆ 無理。
こんなビジネスシーンに	・日常的な業務連絡 ・複数の人に同じ内容を伝える	・アポ入れをする ・取り急ぎのお詫びやお礼

4つのツールの使い分けで、コミュニケーション上手になれる

■ **基本は「思いやり」**

具体的な仕事の場面ごとの段取りとそこで使うべきツールについては、本編で詳しく解説しています。その基本は、

1. 相手の次の行動を考えて、その負担が少なくなるようにツールを選ぶこと

2. 事務的な連絡なのか、信頼関係を深めるためのコミュニケーションなのかによっても、めりはりをつけた伝え方を考えること

つまり、相手の気持ちや立場を考えられる想像力が必要ということ。これも経験を積むとわかってくることですが、本書では、そのための「道しるべ」を提供しています。左ページのような配慮も忘れずに！

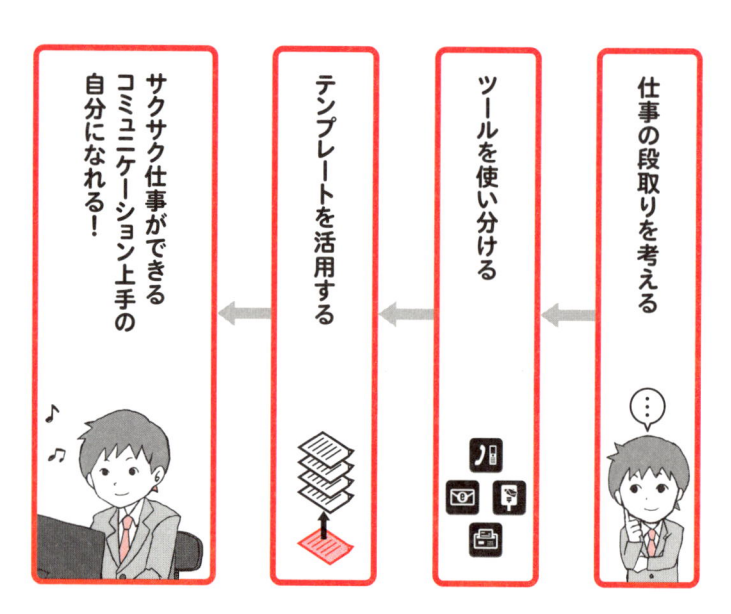

仕事の段取りを考える

↓

ツールを使い分ける

↓

テンプレートを活用する

↓

サクサク仕事ができるコミュニケーション上手の自分になれる！

意外に知らない　気をつけたいマナー

「部外秘」の内容を ファクスは✕

ファクスは、複数の部署で共有している場合も多く、送った書類が気がつかれずに放置されていることもあるので、部外秘の内容は送らないこと。

いきなりケイタイは ビジネスでは失礼にあたることも

「携帯は急ぎのときだけ」と考えよう。特に社外の相手には、会社の電話に連絡をとるのが基本。

手紙を 送りっぱなしにしない

普通郵便の封書でくるものは、急ぎではないと思われがち。礼状などの社交状や、急がないものは送りっぱなしでもよいが、仕事の依頼や重要な資料などは、電話を入れてから送る心づかいを。

文字だけだと、 心が伝わらないことも…

メールでやりとりしているうちに、話が食い違ってトゲトゲしい雰囲気になってきたときは、電話や会って話すように切り替えよう。

そのまま使える！ ビジネスマナー・文書

目次

この本の特徴
段取りとテンプレートで、すぐに仕事ができる！ ……2

はじめに
どう使い分ける？ メール・電話・ファクス・手紙
ケース別・4つのツールの特性 ……4
4つのツールの使い分け ……6
4つのツールの使い分けで、コミュニケーション上手になれる ……8

Part 1 仕事を進める基本動作

01 訪問のアポイントをとる ……16
02 会議・打ち合わせに招く ……20
03 場所を案内する・待ち合わせる ……24
04 問い合わせをする ……28
05 問い合わせを受ける ……30

Part 2 おつき合いを広げる応用動作

01 仕事のお礼を言う ……… 58
02 お中元・お歳暮を贈る ……… 62
03 お中元・お歳暮のお礼を言う ……… 64

06 書類などを送付する ……… 32
07 必要書類を送ってもらう ……… 34
08 書類や連絡を受け取ったら ……… 36
09 仕事を依頼する ……… 38
10 提案する・見積もりを出す ……… 42
11 変更通知をする ……… 46
12 お客様・地域に広く知らせる ……… 48
13 上司・先輩に報告する ……… 50
14 社内会議をセッティングする ……… 52

Part 3 ピンチのときのやりとり

- 01 遅刻するとき・休むとき …………… 90
- 02 仕事のミスのお詫びと後始末 …………… 92
- 03 クレームに対応する …………… 96
- 04 ちょっとした失礼をお詫びする …………… 100
- 05 約束（アポ・締め切り）を延期する …………… 102

- 04 季節のご挨拶をする …………… 66
- 05 異動の挨拶をする …………… 70
- 06 転居・結婚を知らせる …………… 74
- 07 結婚・出産を祝う …………… 76
- 08 その他のお祝いを言う …………… 80
- 09 お悔やみを言う …………… 84
- 10 お見舞いを言う …………… 86

Part 4

メール・電話・手紙・ファクスの基本ルール

- 01 ビジネスメールの基本 ……… 118
- 02 ビジネスメールのマナー ……… 120
- 03 同報送信・メーリングリストの活用術 ……… 122
- 04 ファクスを送る・受け取る ……… 124
- 05 電話を受ける ……… 126
- 06 電話を取り次ぐ ……… 128
- 07 電話をかける ……… 130
- 08 電話の臨機応変な話し方 ……… 132

- 06 仕事上の辞退・お断り ……… 104
- 07 個人へのセースルや勧誘を断る ……… 108
- 08 仕事・手続き・支払いを催促する ……… 110
- 09 クレームを言う・抗議する ……… 114

- 09 電話の伝言をする・受ける ……134
- 10 携帯電話のマナー ……136
- 11 手紙の書式の基本 ……138
- 12 手紙の前文の書き方 ……142
- 13 手紙の本文・末文のまとめ方 ……146
- 14 封筒の書き方 ……148
- 15 ハガキの書き方 ……150
- 16 尊敬語・謙譲語の基本 ……152
- 17 よく使う敬語表現 ……154
- 18 敬称のつけ方・身内の呼び方 ……158
- 19 間違いだらけのメール・手紙 ……160
- 20 英文手紙の書き方 ……164
- 21 英文メールの書き方 ……168

おわりに ……170

Part 1

☑ 仕事を進める
基本動作

01 基本動作

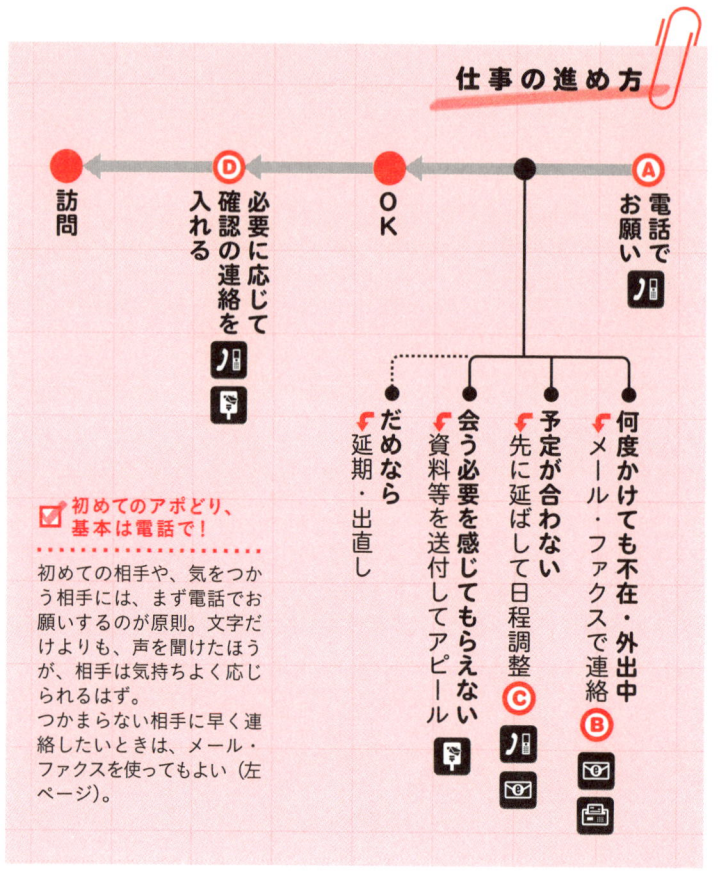

訪問のアポイントをとる

仕事の打ち合わせなどで相手を訪問するときの段取りは、どうしたらいいでしょう？

仕事の進め方

電話でお願い Ⓐ → ─→ OK → Ⓓ 必要に応じて確認の連絡を入れる → 訪問

- 何度かけても不在・外出中
  → メール・ファクスで連絡 Ⓑ
- 予定が合わない
  → 先に延ばして日程調整 Ⓒ
- 会う必要を感じてもらえない
  → 資料等を送付してアピール
- だめなら
  → 延期・出直し

☑ **初めてのアポどり、基本は電話で！**

初めての相手や、気をつかう相手には、まず電話でお願いするのが原則。文字だけよりも、声を聞いたほうが、相手は気持ちよく応じられるはず。
つかまらない相手に早く連絡したいときは、メール・ファクスを使ってもよい（左ページ）。

Ⓐ アポを申し込む電話

便利フレーズ

- 電話をかける前に…
- 訪問の用件をどのように説明するか考えておく
- 訪問日時の候補をあげておく（同行者がいる場合は都合を聞いておく）
- 必要な資料やメモをとる紙を用意。

■ **お願いを切り出す1**
「お忙しいところ、たいへん恐縮ですが、○○の件につきまして、ぜひお目にかかってご相談したいと思っております。来週か再来週あたりで、一時間ほどお時間をいただくわけにはまいりませんでしょうか」

■ **お願いを切り出す2**
「実は、○○の件なのですが、そろそろ

B 不在・外出中の相手にメール

文例

```
お世話になっております。
□□営業部一課の林と申します。
このたび、○○の春季キャンペーンを、担当させていた
だくことになりました。
どうかよろしくお願い致します。

本日お電話を致しましたが、10日まで海外にご出張中と
うかがい、失礼ながらメールにてご連絡を差し上げます。

キャンペーン実施案について、近々のうちに一度、打ち
合わせをさせていただく必要があり、お忙しいところ誠
に恐縮ですが、10日から20日のあたりで、1時間ほど
お時間をいただけないものかと考えております。

ご帰国後にお電話でご都合をお聞きするつもりではござ
いますが、できましたら、メールのご返信をいただけま
したらたいへん幸いに存じます。
なにとぞよろしくお願い申し上げます。

-----
株式会社□□　営業部一課　林　弘子
電話　00-0000-0000　FAX　00-0000-0000
hayashi.hiro@kakukaku.co.jp
```

- **挨拶**
- **なぜメールにしたのか、理由を書いておく**
- **用件（アポイントのお願い）**
- **しめくくりのお願い**

> 日常業務でやりとりがあり、メールを使いこなしている相手であれば、2回目以降は、最初からメールでもよい。

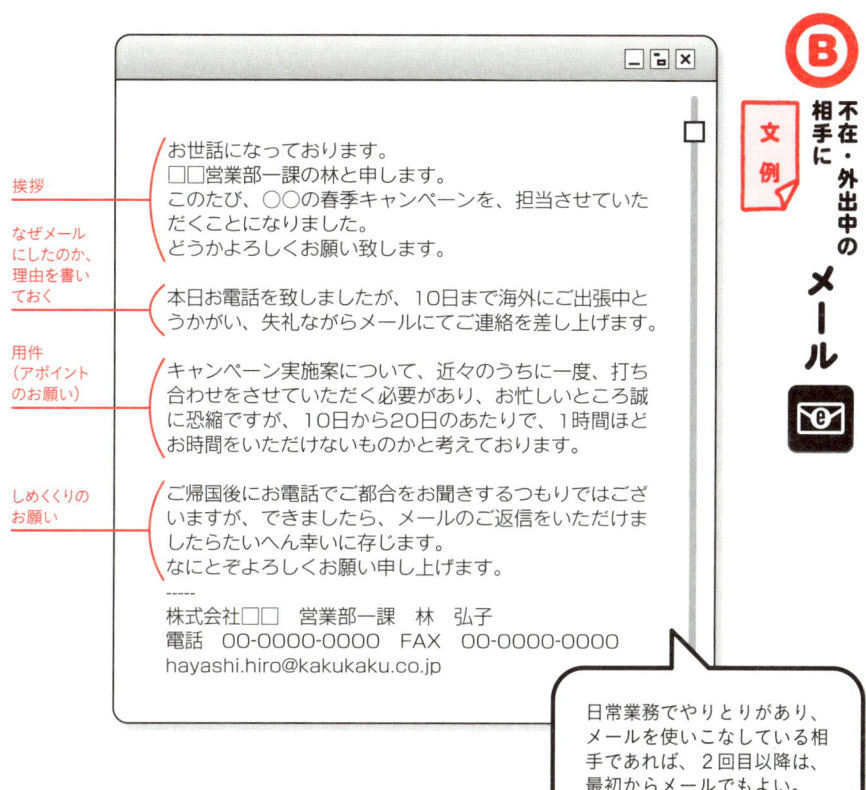

打ち合わせをしなくてはならない時期になっております。お忙しいところたいへん申し訳ないのですが、今月中に一度、そちらにおうかがいしたいと思っております。ご都合はいかがでしょうか」

■ **日程調整をする**
「たいへん申し訳ありません。あいにくその日は先約がございまして…。翌日26日の午後はいかがでしょうか」

■ **日時を確認する1**
「ありがとうございます！ では、26日の午後にうかがいます。お時間は、2時ごろではいかがでしょう？」

■ **日時を確認する2**
「承知致しました。では、26日午後3時に、課長の石井と2名でうかがいます。受付をお訪ねすればよろしいでしょうか？」

■ **しめくくる**
「ありがとうございました。それでは、26日よろしくお願い致します」

仕事を進める基本動作

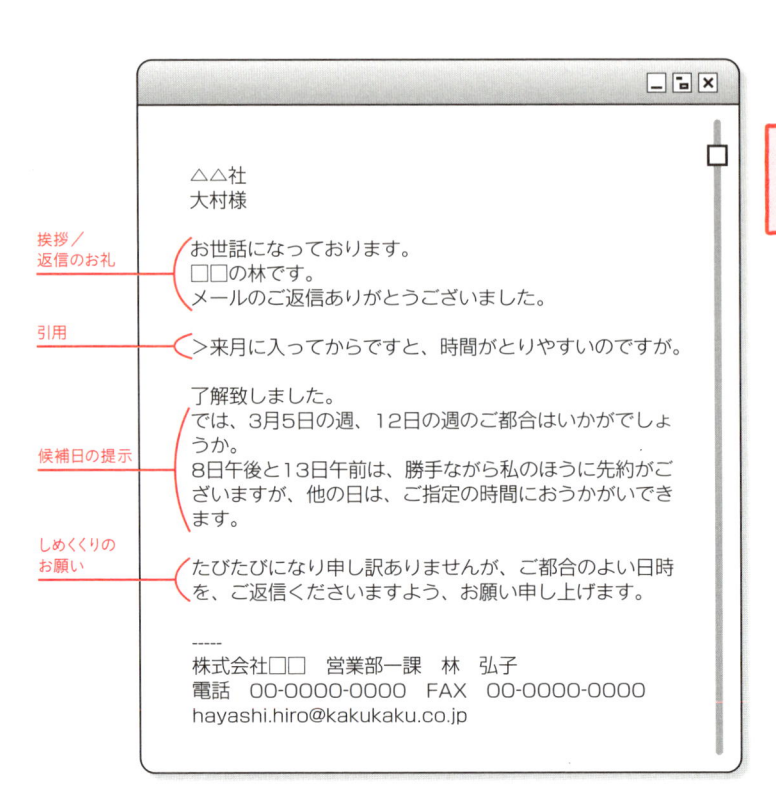

01 訪問のアポイントをとる

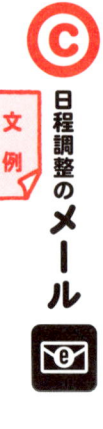

文例 日程調整のメール

```
△△社
大村様

お世話になっております。
□□の林です。
メールのご返信ありがとうございました。

>来月に入ってからですと、時間がとりやすいのですが。

了解致しました。
では、3月5日の週、12日の週のご都合はいかがでしょうか。
8日午後と13日午前は、勝手ながら私のほうに先約がございますが、他の日は、ご指定の時間におうかがいできます。

たびたびになり申し訳ありませんが、ご都合のよい日時を、ご返信くださいますよう、お願い申し上げます。

-----
株式会社□□　営業部一課　林　弘子
電話　00-0000-0000　FAX　00-0000-0000
hayashi.hiro@kakukaku.co.jp
```

- 挨拶／返信のお礼
- 引用
- 候補日の提示
- しめくくりのお願い

アポとりのマナー
用件と所要時間は、はっきり伝える

■ 最初に訪問の目的をわかりやすく簡略に説明すること。その場で、当日に打ち合わせしたい内容にまで話が及んでしまったときは、「おっしゃるとおりでして、それも含め、当日ご相談したいと思っておりますので、どうかよろしくお願いいたします」と保留する言い方も覚えておこう。

■ 所要時間も必ず言い添える。普通の打ち合わせは、一時間程度におさめるのが常識的。それ以上の時間を要する場合には、それなりの言い回しでお願いしよう。
「一時間ほどお時間をいただきたいのですが」
＊「小一時間」（一時間足らず）という言い方も便利
「お忙しいところたいへん申し訳ありませんが、具体的な内容まで決めてしまいたいと思いますので、2時間程度お時間をおとりいただけないでしょうか」

■ 打ち合わせや相談の内容が込み入っていたり、相手の事前準備が必要な場合は、メール、ファクス、手紙などで要点を書いたものを事前に送っておくとよい。（左ページ参照）

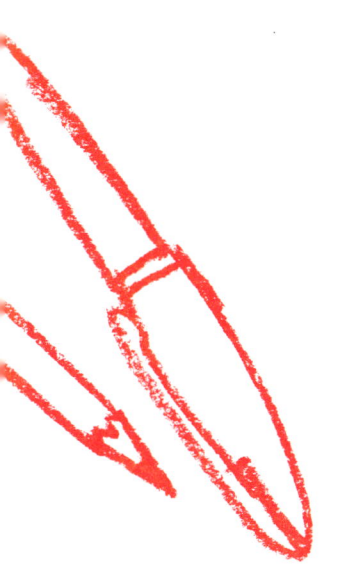

D アポイント確認の電話 便利フレーズ

■ 前日に

「〇〇の山田です。お世話になっております。明日なんですが、予定どおり、2時におうかがいしたいと思いますが、よろしいでしょうか（相手方『お待ちしております』など）。では、よろしくお願い致します」

Point
アポイントをとってから日数がたっている場合などは、前日などに確認の連絡を入れておくと安心

D アポイント確認と事前の資料送付のための手紙 文例

平成〇年〇月〇日

株式会社□□
　開発部企画課
　　山田孝一様

　　　　　　　　△△システム株式会社
　　　　　　　　　サポートセンター営業課
　　　　　　　　　　浜田章夫

　　　　〇〇システム改善の打ち合わせについて

拝啓　時下、ますますご清栄のこととお慶び申し上げます。
　このたびは、お忙しい中、標記打ち合わせのお願いをご快諾いただき、誠にありがとうございました。
　ご予定いただいておりますとおり、5月25日(月)午後2時から1時間の予定で、おうかがい致します。
　なお、弊社からは、私のほかにテクニカルスタッフ・進藤が同行する予定でございます。
　当日は、同封の資料にもとづき、改善プランをご提案させていただきます。どうか忌憚のないご意見をお聞かせください。
　なお、お忙しいところ恐縮ではございますが、あらかじめ資料にお目通しいただけましたら幸いに存じます。
　なにとぞよろしくお願い申し上げます。

　　　　　　　　　　　　　　　　　　　　敬具

- 時候の挨拶も簡単に
- 「標記」とは、「表題に記したこと」という意味
- 念のため、日時を入れる
- 相手方にとっては、何人で来るのかによって、準備する場所も違うので、アポイントをとるときから、人数は明確にしておく
- 同行者が上司の場合 進藤課長× 営業課長・進藤〇

仕事を進める基本動作

02 基本動作

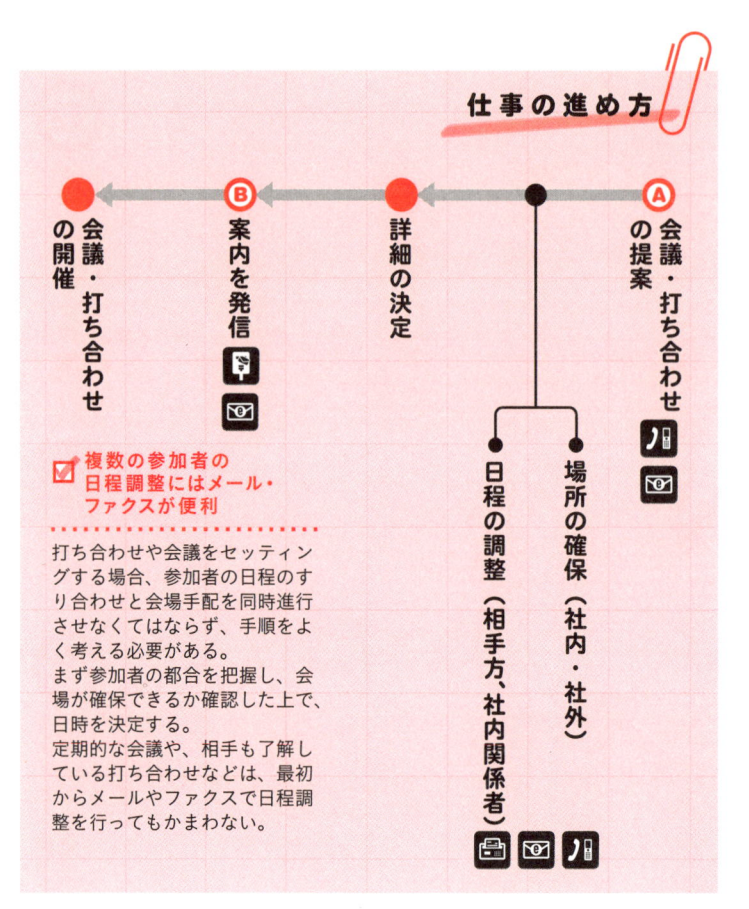

会議・打ち合わせに招く

打ち合わせなどで相手をお招きしたいときは、どんなことに注意すべきでしょう？

仕事の進め方

A 会議・打ち合わせの提案
↓
詳細の決定
- 場所の確保（社内・社外）
- 日程の調整（相手方、社内関係者）
↓
B 案内を発信
↓
会議・打ち合わせの開催

☑ **複数の参加者の日程調整にはメール・ファクスが便利**

打ち合わせや会議をセッティングする場合、参加者の日程のすり合わせと会場手配を同時進行させなくてはならず、手順をよく考える必要がある。
まず参加者の都合を把握し、会場が確保できるか確認した上で、日時を決定する。
定期的な会議や、相手も了解している打ち合わせなどは、最初からメールやファクスで日程調整を行ってもかまわない。

A 会議の日程調整をする

便利フレーズ　電話

受話器をとる前に…
- 打ち合わせや会議の趣旨をどのように説明するか考えておく。
- 開催したい期間を設定し、会場のめどを立てておく。
- 必要な資料やメモをとる紙を用意。

■ **定期的な会議の場合**

「お世話になっております。早速ですが、次回の販売会議の日程を調整させていただきたいと思いまして、ご連絡致しました」

■ **臨時の打ち合わせの場合**

「おかげさまで○○の完成も間近になり、そろそろ販促についてのご相談をさせていただきたいと考えております。お忙しいところ申し訳ありませんが、今月末ま

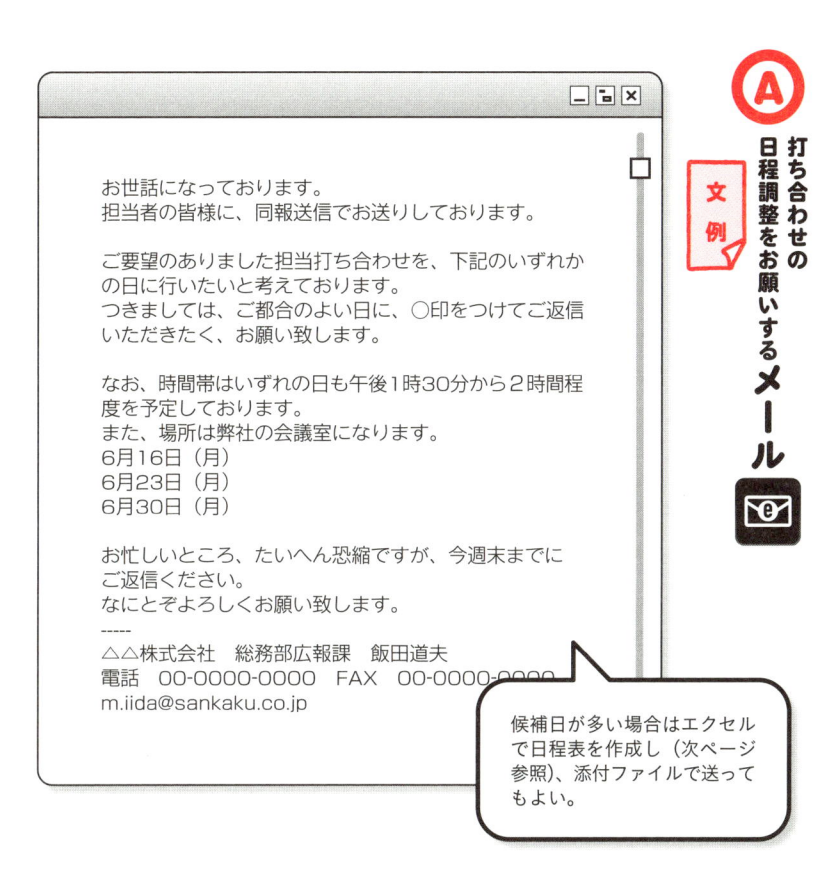

A 打ち合わせの日程調整をお願いするメール

文例

```
お世話になっております。
担当者の皆様に、同報送信でお送りしております。

ご要望のありました担当打ち合わせを、下記のいずれか
の日に行いたいと考えております。
つきましては、ご都合のよい日に、○印をつけてご返信
いただきたく、お願い致します。

なお、時間帯はいずれの日も午後1時30分から2時間程
度を予定しております。
また、場所は弊社の会議室になります。
6月16日（月）
6月23日（月）
6月30日（月）

お忙しいところ、たいへん恐縮ですが、今週末までに
ご返信ください。
なにとぞよろしくお願い致します。
-----
△△株式会社　総務部広報課　飯田道夫
電話　00-0000-0000　FAX　00-0000-0000
m.iida@sankaku.co.jp
```

候補日が多い場合はエクセルで日程表を作成し（次ページ参照）、添付ファイルで送ってもよい。

でに一度、弊社のほうにお越しいただき、□□社さんもまじえた打ち合わせをお願いできますでしょうか」

■ **日程調整をする1**
「来週第1週で、ご都合のよい日はございますでしょうか。（予定を聞いて）では、ほかの方のご予定と調整しまして、明日の夕方までにご連絡申し上げます」

■ **日程調整をする2**
「お手数をおかけして申し訳ありませんが、このあとファクス（メール）で日程調整表をお送り致しますので、ご予定をご記入の上、ご返信いただけますでしょうか」

■ **日程の決定**
「会議の日程なのですが、来月3日午後2時から、弊社会議室でお願いしたいと思いますが、よろしいでしょうか。（OKの返事）ありがとうございます。のちほど、お手紙でご案内をお送りしますので、よろしくお願い致します」

02 会議・打ち合わせに招く

Ⓐ 参加者が多い場合の日程調整表

文例

△△連絡会議　日程調整表　　お名前　　　　　様

○○株式会社　第一事業部営業課　大山行
FAX 00-0000-0000　電話 00-0000-0000

　恐れ入りますが、ご都合のよい日時に○印をご記入の上、ファクスもしくは添付ファイルにて、ご返信ください。勝手ながら、10日までにお知らせいただけますと幸いです。
　ご不明な点等がございましたら、大山までお問い合わせください。

	午前 10:00-12:00	午後① 1:00-3:00	午後② 3:00-5:00
2月10日（月）			
2月11日（火）			
2月13日（水）			
2月14日（木）			
2月15日（金）			
2月18日（月）			
2月19日（火）			
2月20日（水）			

なにとぞよろしくお願い申し上げます。

ファクス

Point ファクス一枚目の送信票に日程調整をお願いする旨を書くこと

☑ 返信の方法に幅を持たせよう

日程調整表をワードやエクセルで作成、添付ファイルで送り、添付ファイルで返してもらうこともできる。ただし、添付ファイル記入を苦痛に感じる人もいるので、必ずファクス番号を付記しておくこと。

《往信・返信のバリエーション》

【往信】	【返信】
手紙	ファクス（または手紙）
ファクス	ファクス
メール	メールまたはファクス

＊手紙で返信の場合は返信用封筒が必要だが、時間がかかりすぎるので、日程調整には向かない。招待状や案内状の出欠連絡は、返信用ハガキをつける。

B 会議の開催通知の手紙【文例】

平成○年○月○日

各位

　　　　　　　　　　　　　　□□□株式会社
　　　　　　　　　　　　　　開発部企画課
　　　　　　　　　　　　　　川島由紀

　　　　　○○上半期会議の開催について

　拝啓　時下、ますますご清栄のこととお慶び申し上げます。日ごろは、弊社事業に格別のご配慮を賜り、誠にありがとうございます。
　電話でお願い致しました標記の会議につき、改めてご案内と資料をお送り申し上げます。
　お忙しいところ恐れ入りますが、なにとぞよろしくお願い申し上げます。

　　　　　　　　　　　　　　　　　　　　　敬具

　　　　　　　　　　　記
1　日時　7月15日（火）午後2時〜4時
2　場所　○○会館　3B会議室
3　議題　上半期の営業報告と販売戦略の検証
4　議事次第
　　　　　上半期の営業報告
　　　　　販売戦略の検証
　　　　　意見交換

＊連絡先　□□□株式会社　開発部企画課　川島由紀
　　　　　電話　00-0000-0000　ファクス　00-0000-0000
　　　　　E-mail yuki@kakukaku.co.jp
　　　　　　　　　　　　　　　　　　　　　以上

Point　メールと手紙では、書き方が違っていてよい。それぞれの特性をふまえて書こう

B 会議の開催通知のメール【文例】

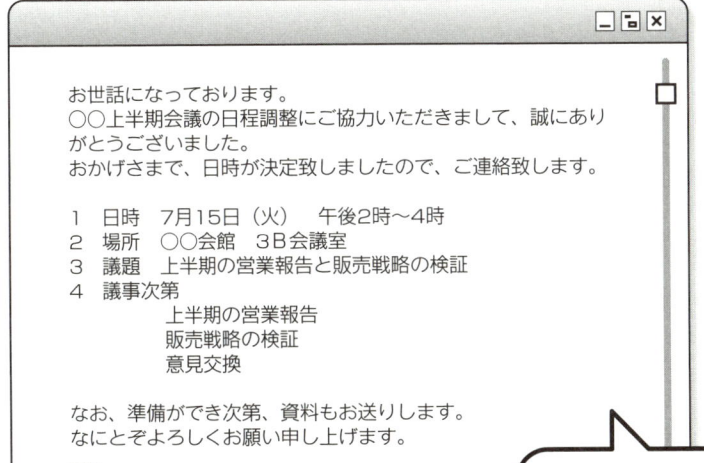

お世話になっております。
○○上半期会議の日程調整にご協力いただきまして、誠にありがとうございました。
おかげさまで、日時が決定致しましたので、ご連絡致します。

1　日時　7月15日（火）　午後2時〜4時
2　場所　○○会館　3B会議室
3　議題　上半期の営業報告と販売戦略の検証
4　議事次第
　　　　　上半期の営業報告
　　　　　販売戦略の検証
　　　　　意見交換

なお、準備ができ次第、資料もお送りします。
なにとぞよろしくお願い申し上げます。

□□□株式会社　開発部企画課　川島由紀
yuki@kakukaku.co.jp

件名は、「7/15○○上半期会議開催のご案内」などとすると、わかりやすい。

03 基本動作 場所を案内する・待ち合わせる

今や、ネットで地図検索も簡単になりましたが、相手が迷わないように十分に気をつかいましょう。

仕事の進め方

場所の案内

待ち合わせの場合は、相手の都合を聞いて待ち合わせ場所を決める。

打ち合わせや待ち合わせなど日時の決定

日程調整の相談をするときに、予定している場所についても知らせておく。

【電話】Ⓐ
駅改札での待ち合わせなどなら、口頭でもOK。少しでも歩かなくてはならない場合は、ファクスやメールで地図を送るのが親切。

【ファクス】
相手にとって、もっとも簡単な受け取り方。ただし、フォーマルなお誘い、気をつかう相手の場合は、手紙の案内状がよい。

【メール】Ⓑ
地図画像を添付したり、地図サイトで検索したURLを書き添える。相手がパソコンを使い慣れていない場合はファクスにする。

【手紙】Ⓒ
もっともていねいだが、時間がかかる。日常業務でやりとりしている相手には、メールやファクスで十分。

Ⓐ 場所を案内する 電話

便利フレーズ

■ 相手の利用する交通機関を確かめる

「どちらからおいでになりますか？」
「そちらからですと、有楽町線の東池袋駅からおいでいただくのが一番近いかと思います」
「お車でおいでになる場合は、明治通りの○○の交差点の手前、左側になります」

■ あとで地図を送る場合

「それでは、ご足労をおかけしますが、弊社までお越しいただけますでしょうか。麹町駅から徒歩3分ほどの場所です。のちほど地図をファクスさせていただきます」

B 自社の場所を知らせる メール

文例

```
△△社
飯田様

□□の山本です。
お世話になっております。
すでにご予定いただいております○○の第1回打ち合わせですが、
××社の岩田様のご都合もうかがい、次のとおり確定致しました。

日時　7月15日（木）　午後2時～3時30分
場所　弊社3階　第2会議室

弊社の場所につきましては、ホームページの地図をご参照ください。
http://www.kakukaku.co.jp/contents/map.html
地下鉄表参道駅B4出口から徒歩5分程度、8階建ての白いビルです。

お忙しいところ、恐縮ですが、どうかよろしくお願い致します。
-----
□□株式会社　営業部企画課　山本英孝
電話　00-0000-0000　FAX　00-0000-0000
yamamoto@kakukaku.co.jp
```

■ 待ち合わせの場所を指定する

「それでは、有楽町駅の日比谷口の改札で、午後5時にお待ちしております」

■ はじめての相手と待ち合わせ

「私は、身長180センチくらいで、青い社用封筒を持ってまいります。念のため、私の携帯電話の番号をお伝えしてもよろしいでしょうか」

☑ 気をつかう相手なら…

時間にゆとりがある
きれいに印刷した地図を同封した案内状を送付するのがベスト。

時間にゆとりがない
「たいへん失礼ではございますが、ご案内の地図をファクス（メール）で送らせていただきます」と、ひとこと添えて送る。

03 地図を入れた案内状

場所を案内する・待ち合わせる

文例

販売店交流会のご案内

拝啓　時下、ますますご清栄のこととお慶び申し上げます。
　平素は、弊社事業に格別のご支援ご協力を賜りまして、誠にありがとうございます。
　このたび、販売店の皆様の交流会を下記のとおり開催させていただくことになりました。つきましては、万障お繰り合わせの上、ご参集賜りたくご案内申し上げます。
　お手数ではございますが、ご都合のほどを、同封の返信用はがきにて、8月20日までにお知らせください。
　なにとぞよろしくお願い申し上げます。

敬具

株式会社□□　事業部営業課
課長　大山秀典

記

日　時　9月25日（火）午後6時より
場　所　○○ホテル　松の間
　　　　千代田区猿楽町○-○-○
　　　　電話　00-0000-0000
参加費　無料
連絡先　株式会社□□　事業部営業課　担当：安藤
　　　　電話　00-0000-0000　FAX 00-0000-0000
　　　　ando@kakukaku.co.jp

[アクセス] JR御茶ノ水駅から徒歩5分　東京メトロ 千代田線新御茶ノ水駅・B1出口から徒歩5分

- 外の会場の場合は、住所や電話番号を忘れずに
- 不明な点があった場合のために、担当者の名前や電話番号等も必須
- ホテルのパンフレットを同封してもよい
- 車で来場する可能性がある場合は、駐車場の案内も書き添える

場所の案内で便利なフレーズ

- 「最寄り駅の地下鉄九段下駅から、徒歩で5分ほどでございます」
- 「1階が○○ストアになっておりますので、その右の入口からお入りください」
- 「○○ビル8階の弊社受付から、第一営業部・橋本を呼び出してくださいますよう、お願い致します」
- 「恐れ入りますが、1階受付から、第一営業部・橋本を呼び出してくださいますよう、お願い致します」
- 「大宮駅までお迎えにあがりますので、到着のご予定時刻をお知らせください」
- 「ご足労をおかけし、恐縮ではございますが、よろしくお願い致します」

B 待ち合わせをお願いするメール 文例

　　△△の市川です。

　　10月30日の○○工場視察の件でご連絡いたします。

　　全工程を午前中に視察するため、少し朝が早くなりますが、午前9時、ＪＲ埼京線十条駅で待ち合わせをさせていただきたいと思います。
　　十条駅から現地までは、私がタクシーでご案内致します。

　　　［視察先］
　　○○工場　所在地　北区西が丘○-○-○
　　電話　00-0000-0000
　　視察ご担当　株式会社□□　総務課　平石様

　　十条駅の改札口は２つありますが、北口（下りホームから直接出られる改札口）のほうで、お待ちしております。

　　時間・場所等について不都合等がございましたら、ご連絡ください。
　　どうかよろしくお願い致します。

　　△△株式会社　営業部企画課　市川英子
　　電話　00-0000-0000　FAX　00-0000-0000
　　e.ichikawa@sankaku.co.jp

> このケースでは、相手が遅れたり別行動をとりたいときのために、行き先の住所などを書き添えている。

☑ 場所の案内で忘れてはいけないこと

〈地図で案内する場合〉
□ 先方が利用すると予測される交通機関に合わせて案内する。
□ メールでネット上の地図を案内する場合は、情報が古い場合もあるので、出口番号、目印建物などをチェックし、違っていたらメール本文で補足説明する。
□ 駅からの所要時間も必ず書き添えること。
□ 以前に来たことがある人も、時間がたっていたら忘れている可能性が大きいので、地図はそのつど案内するのがよい。

〈待ち合わせの場合〉
□ 改札が複数ある場合は○○出口など改札の名称を確認、地下鉄の出口番号も必須。
□ 迷ったり行き違ったりする場合にそなえて、携帯電話などの連絡先を書き添えること。

仕事を進める基本動作

04 基本動作 問い合わせをする

ちょっとした問い合わせも、要領よく、上品に行えるのが、「できる社員」の証。コツをつかんでおこう。

仕事の進め方

連絡をとる前の準備
窓口がわからないときは、わかっている連絡先に連絡し、問い合わせたい内容を説明して、対応できる窓口を教えてもらう。

Ⓐ 問い合わせをする 📞✉
「即答ができない」と言われたときは、いつ、どのような方法で知らせてもらえるか確認する。

回答が得られる資料などが届く

Ⓑ お礼を言う 📞✉

Ⓐ Ⓑ 問い合わせをする 電話 📞

便利フレーズ

受話器をとる前に…
- 問い合わせたい内容を整理し、箇条書きにしておく。
- メモを用意、複数の問い合わせ先に次々に電話する場合は、リストにチェックを入れながらかける。

■ 切り出し方

「○○について、おたずねしたいことがあるのですが、今少しよろしいでしょうか」

「○○についてのお問い合わせは、こちらでよろしいでしょうか」

「ホームページで拝見してお電話を致しました。御社の○○についてのカタログをお送りいただきたいのですが」

Ⓐ 問い合わせをするメール　文例

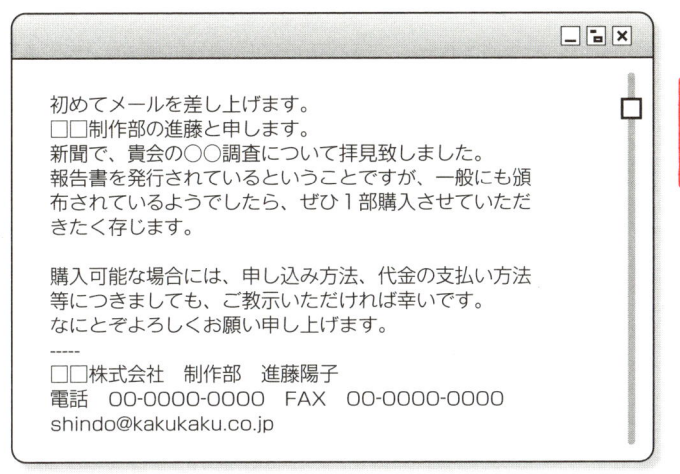

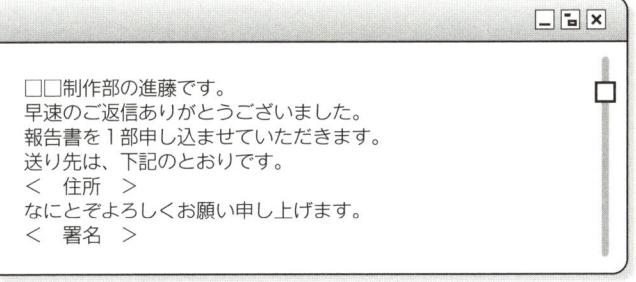

```
初めてメールを差し上げます。
□□制作部の進藤と申します。
新聞で、貴会の○○調査について拝見致しました。
報告書を発行されているということですが、一般にも頒布されているようでしたら、ぜひ１部購入させていただきたく存じます。

購入可能な場合には、申し込み方法、代金の支払い方法等につきましても、ご教示いただければ幸いです。
なにとぞよろしくお願い申し上げます。
-----
□□株式会社　制作部　進藤陽子
電話　00-0000-0000　FAX　00-0000-0000
shindo@kakukaku.co.jp
```

Ⓑ 返信のメール　文例

```
□□制作部の進藤です。
早速のご返信ありがとうございました。
報告書を１部申し込ませていただきます。
送り先は、下記のとおりです。
＜　住所　＞
なにとぞよろしくお願い申し上げます。
＜　署名　＞
```

「突然のお電話で失礼を致します。私、○○の調査をしております△△リサーチの山本と申します。御社の本年度の○○の数をお教えいただきたく、お電話を致しました」

「お忙しいところ恐れ入ります。そちらで○○についての調査を実施されたという新聞記事を拝見したのですが、報告書のようなものをお作りでしたら、お分けいただけないでしょうか」

■ **答えられないと言われた場合（役所など）**
「どちらにお聞きしたら、お教えいただけるでしょうか」
「いつごろになりましたら、結果がまとまりますでしょうか」

■ **最後に**
「お忙しいところありがとうございました」
「お手数をおかけし、申し訳ありませんでした。ありがとうございました」

仕事を進める基本動作

05 基本動作 問い合わせを受ける

思いがけない問い合わせにも、ソツなく応対するコツは？

仕事の進め方

問い合わせの連絡が入る
落ち着いて、メモをとりながら、しっかり聞きとること。

Ⓐ 即答 📞
・上司や関係部署と相談すること。
・いつまでに回答するか期限を聞いておくこと。

Ⓑ 文書などを送付する ✉
・郵送では間に合わない場合は、ファクスや添付ファイルで送る。

☑ 問い合わせをうまく受けるコツ

■ わからないことを聞かれたら、焦らず、調べてからかけ直すなどして、いい加減には答えない。

■ よくある問い合わせで、トラブルや間違いにつながりやすいものについては、回答文例やマニュアルを作っておく。

■ 後日、再度問い合わせや確認が予測される場合は、担当者の名前を告げておく。

Ⓐ Ⓑ 問い合わせを受ける 電話 📞 便利フレーズ

■ **即答ができない問い合わせだったとき**
「申し訳ありません。調べまして折り返し、おかけ直し致しますので、お電話番号をお聞きしてもよろしいでしょうか」
「申し訳ありません。担当者に確認致しまして、改めてご連絡差し上げたいと思いますが、ご連絡先をおうかがいしてもよろしいでしょうか」

■ **参照してもらいたい情報があるとき**
「高さが低いタイプというと、当社の〇〇シリーズがよいのではないかと思われますが、一度、カタログをお送りして、ご覧いただければと思います。もしお急ぎでしたら、当社のホームページでも、カタログと同じ内容をご覧いただけます」

B 送付する資料につける手紙　文例

　先日は、当社の○○について、お問い合わせをいただき、誠にありがとうございました。

　お客様のご要望、ご予算をおうかがいしたところ、○○シリーズがご希望にかなうのではないかと考えております。

　当社では、○○シリーズのほかにも、さまざまなバリエーションをそろえておりますので、じっくり比較検討していただければと思い、総合カタログをお送り致します。○○シリーズは付せんをつけましたページにご案内しております。

　ご不明な点などございましたら、いつでもお気軽にお問い合わせください。平日は午前9時から午後7時まで、ご相談を受け付けております。

　なにとぞよろしくお願い申し上げます。

株式会社△△
プランニングスタジオ
担当　小滝　玲子
TEL　00-0000-0000
FAX　00-0000-0000
otaki@sankaku.co.jp

> カタログや資料は、送付状（33ページ参照）を使って送る場合も多いが、担当者の気持ちがこもったメッセージをつけるのもよい。

「その件に関しましては、詳しい資料を作成しておりますので、郵送させていただきたいと思いますが、いかがでしょうか。…では、ご住所をお聞きしてもよろしいでしょうか」

■ 他部署にかけ直してもらうとき

「たいへん申し訳ありません。○○につきましては、サービスセンターのほうでおうかがいしておりまして、お電話をお回しすることができませんので、恐れ入りますが、今から申し上げる番号におかけ直しいただけますでしょうか」

■ 期待にそえないとき

「申し訳ありません。私どもでは、○○は取り扱っておりません」

「たいへん残念なのですが、私どものサービスエリアは関東地域のみとなっておりまして、おうかがいすることができません」

■ 最後に

「お問い合わせありがとうございました。私、飯島がおうかがい致しました」

「それでは、早速カタログを発送致しますので、どうかよろしくお願い致します」

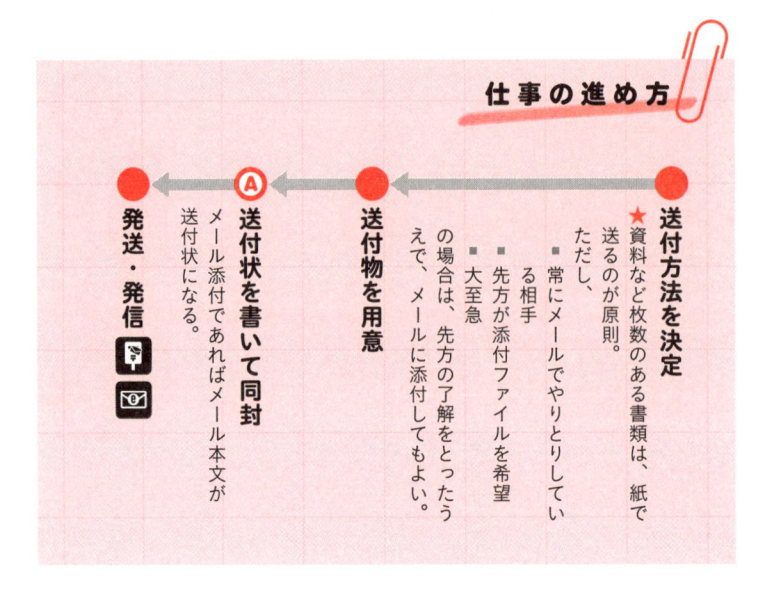

基本動作 06 書類などを送付する

書類や刊行物などを送付する機会が多い場合は、定型の送付状（カバーレター）を作っておくと便利。

仕事の進め方

送付方法を決定 → 送付物を用意 → Ⓐ送付状を書いて同封 → 発送・発信

- ★ 資料など枚数のある書類は、紙で送るのが原則。
- ただし、
  - 常にメールでやりとりしている相手
  - 先方が添付ファイルを希望
  - 大至急
  の場合は、先方の了解をとったうえで、メールに添付してもよい。

Ⓐ 送付状メール添付であればメール本文が送付状になる。

Ⓐ 文例　刊行物に添える送付状

```
                              平成〇年〇月〇日
  各　位
                              □□株式会社

          Save the Earthレポートについて

拝啓　時下、ますますご清栄のこととお慶び申し上
げます。平素は、格別のお引き立てを賜り、誠にあり
がとうございます。
　さて、このたび弊社では、東京都〇〇市の〇〇工場
で取り組んでまいりました、Save the Earth 活動の
レポートを作成致しました。「地球市民としてできる
ことを」という社員の願いをこめて開始した活動も、
今年で三年目。その足跡を追った手作りのレポート
になっております。
　つきましては、皆様にご高覧賜りたく、一部拝送申
し上げます。
　なにとぞよろしくお願い致します。
                                      敬具
                  記
（送付内容）
Save the Earth レポート　一部
                                      以上
```

A 添付ファイルで資料を送る 文例 　メール

```
□□社の飯島です。
お世話になっております。

ご依頼のありました資料を、お送り致しますので、
ご査収くださいますよう、お願い申し上げます。

pdfファイルにて添付しておりますが、不都合などございま
したら、お知らせください。
なにとぞよろしくお願い申し上げます。
-----
□□株式会社　販売部　宣伝課
　飯島俊二　siijima@kakukaku.co.jp
　電話　00-0000-0000　FAX　00-0000-0000
```

A 定型の送付状を使用する場合 文例 　手紙

```
□□株式会社営業部　　　　　　○○年○月○日
石田陽子　様
　　　　　　　　　　　　株式会社△△△営業部
　　　　　　　　　　　　　　担当：倉石妙子
　　　　　　　　　　　　　　TEL 00-0000-0000
　　　　　　　　　　　　　　FAX 00-0000-0000

　　　　　　　書類送付のご案内

　貴社ますますご清栄のこととお慶び申し上げます。
　下記書類を拝送致しますので、ご査収くださいま
すようお願い申し上げます。

　　　　　　　　　記

┌─────────────────────────┐
│・製品カタログ　1部　　　　　　　　　　　　　│
│・お見積　1部　　　　　　　　　　　　　　　　│
│　　　　　　　　　　　　　　　　　　　　以上│
└─────────────────────────┘

┌─────────────────────────┐
│（備考）　　　　　　　　　　　　　　　　　　│
│カタログは、最新版を同封しておりますので、以前│
│お渡ししたものとは、一部価格が変更になっており│
│ます。　　　　　　　　　　　　　　　　　　　│
└─────────────────────────┘
```

☑ **定型の送付状は手紙代わりにしない！**

　書類を送る機会が多い会社では、空欄に記入するだけで送付状になる右のような書式を使用している場合があるが、これは、書類送付しか用件がない場合に使用するもの（送付書類について簡単な注釈をつける程度までは、備考欄・通知欄を使用しても可）。

　大切なお願いや、細かい説明がある場合は、送付状形式ではなく、通常の手紙として作成したほうがよい。

ひとこと添える程度に！

仕事を進める基本動作

07 基本動作 必要書類を送ってもらう

手続書類や、契約書、請求書などを送ってもらうときの、スマートな頼み方は？

仕事の進め方

送ってもらいたい書類をリストアップ
→ 気をつけてもらいたい点などを整理
→ Ⓐ 書類の送付を依頼

必要な書類のリスト、書類の記載内容で特別なお願いがないかどうか、いつまでに送ってもらいたいかなど、関係部署や上司とも相談して、もれや抜けのない依頼をする。相手に何度も送り直してもらうようなことがないよう、よく確認すること。

書類の到着確認、事後処理、催促まで責任を持って。

☑ **細かい申込書類などを書いてもらうとき**

- 依頼状では、必要書類の枚数（件数）がひと目でわかるように、箇条書きや表にしておく。
- こちらから送る用紙に記入するものなのか、役所や相手先機関で発行してもらう書類なのかを明確にする。
- わかりにくい場合は、見本を作ったり、記入する欄にエンピツで印をつけたり、付せんをつけて説明を記入したりなどの工夫をする。

Ⓐ 文書やメールの前の電話

便利フレーズ

■ **電話だけですむ簡単なお願い**

「お忙しいところ申し訳ありませんが、4月分についてのご請求書をいただきたいと思いまして、ご連絡申し上げました。お手数をおかけしますが、どうぞよろしくお願い致します」

■ **文書を後送する場合のアプローチ**

「遅くなりましたが、契約書の準備ができましたので、本日、郵送させていただきます。内容をご確認の上、ご返送いただきたいのですが…。（相手のリアクション）よろしくお願い致します」

「本日は、保険金請求のお手続きのご案内でお電話させていただきました。この

A 書類を依頼するメール 文例

△△社
遠藤様

挨拶＋お礼
お世話になっております。
このたびは、早速、○○をお送りいただきありがとうございました。

お願い
早速ではございますが、請求書をお送りくださいますようお願い致します。
請求書のあて名は、財団法人□□□□、日付は3月中にしていただき、送料もあわせてご請求いただければと存じます。

しめくくり
お忙しいところ誠に申し訳ありませんが、
なにとぞよろしくお願い申し上げます。

財団法人□□□□　総務部総務課
　原田一郎　harada@kakukaku.ne.jp
　電話　00-0000-0000　FAX　00-0000-0000

A 書類を依頼する手紙 文例

手続き書類のご案内

拝啓　時下、ますますご清祥のこととお喜び申し上げます。
　このたびは、○○会にご入会いただき、誠にありがとうございました。あわせてお申し込みいただきました○○サービスご利用にあたりましては、下記の手続き書類が必要となりますので、ご案内申し上げます。
　お手数ではございますが、内容をご確認いただき、ご記入、ご捺印の上、4月20日までに、同封の返信用封筒にてお送りくださいますようお願い申し上げます。
　ご不明な点などございましたら、いつでもお気軽にお問い合わせください。
　なにとぞよろしくお願い申し上げます。
　　　　　　　　　　　　　　　　　　　敬具

　　株式会社△△△　ケアセンター　担当　小滝 玲子
　　　　TEL　00-0000-0000　FAX　00-0000-0000
　　　　　　　　　　　　　　　otaki@sankaku.co.jp

　　　　　　　　　　　記
1) ○○○○○
2) ○○○○○
3) ○○○○○
4) ○○○○○
　　　　　　　　　　　　　　　　　　　以上

「あと、必要書類をお送り致しますので、ご確認の上、ご記入、ご捺印いただき、ご返送いただけますでしょうか。（相手のリアクション）ありがとうございます。詳しくは、手紙を同封致しますので、ご覧ください。お手数をおかけしますが、どうかよろしくお願い致します」

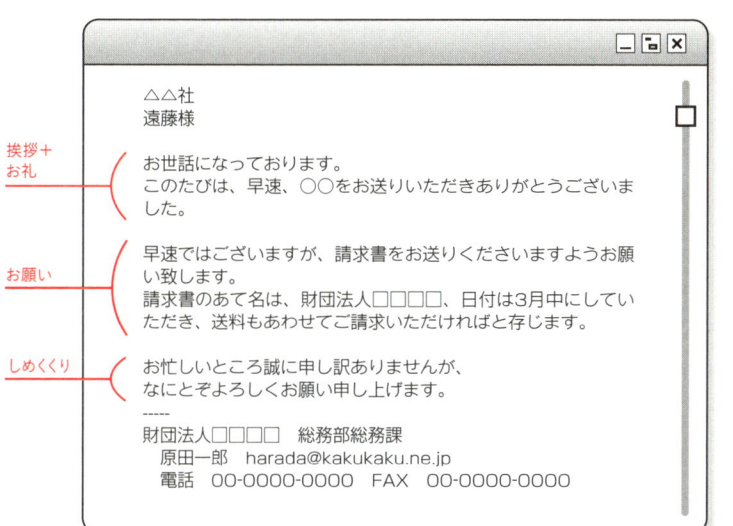

仕事を進める基本動作

08 基本動作

書類や連絡を受け取ったら

書類や連絡を受け取ったら、特に返事を求められていなくても、「届きました」とひとこと返信を。

仕事の進め方

Ⓐ 郵送で書類が届いた
重要な書類ならひとこと電話で到着を知らせよう。メールをよく使う相手であれば、メールでも可。

Ⓑ メール連絡が届いた
メールにはメールで返信するのが原則。ただし、至急の返事や、こみいった相談をしたいときは、電話を。

● **ファクスが届いた**
重要なファクスなら電話でひとこと受信の報告を。メールをよく使う相手であれば、メールでも可。

● **贈答品が届いた**
64ページ参照

☑ **返信すべきかどうか、迷うときは…**

■ こちらから頼んだ書類や急ぎの書類が郵送で届いたときは、ひとこと受け取ったことを知らせておくのが礼儀。多忙な相手で、電話口に呼び出す場合は気が引ける場合は、メールでひとこと入れておこう。
■ メールを受け取ったときは、明らかに返信不要の場合を除いて、返信すること。
■ ファクスの場合、重要書類であれば、送った側が着信確認の電話をするのが原則だが、気をつかう相手からの場合は、受信した側から受信の連絡を入れよう。

Ⓐ Ⓑ 受け取ったあとの電話

便利フレーズ

■ **ひとことお礼を言う（受け取るだけの場合）**

「先ほど、○○の書類が届きました。ありがとうございました。お手数をおかけ致しました。今後ともよろしくお願い申し上げます」

「お送りいただいた資料を受け取りました。詳細な内容で、たいへん参考になります。ありがとうございました。また、いろいろご指導いただきたいと思っておりますので、今後ともよろしくお願い致します」

■ **内容の理解に時間がかかる場合**

「本日、○○の資料が届きました。ありがとうございます。まだ、詳しくは拝見

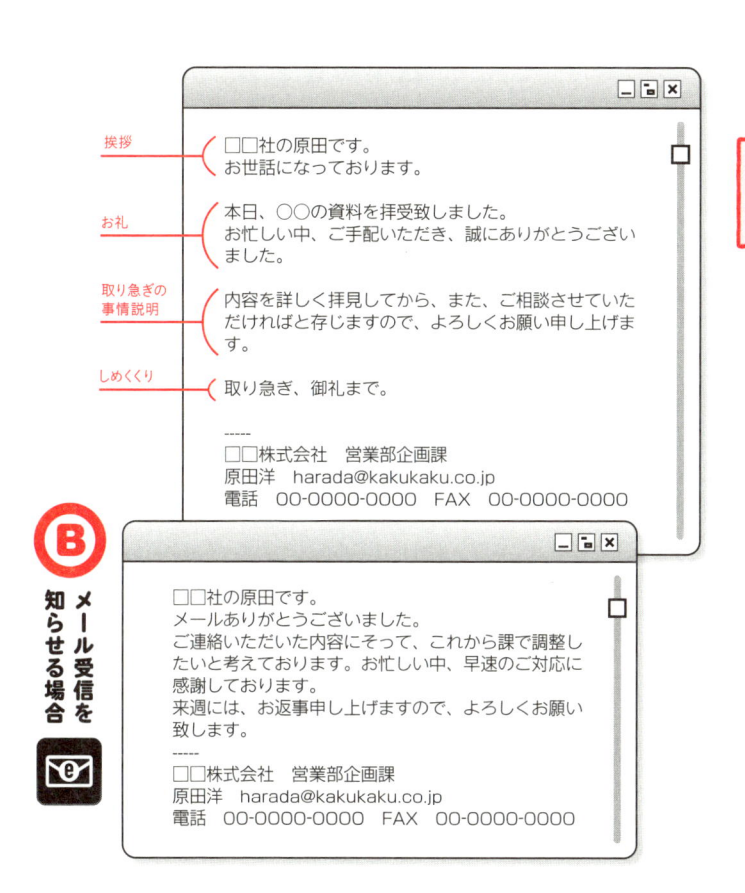

A 受け取りを知らせる場合 文例 メール

挨拶：
□□社の原田です。
お世話になっております。

お礼：
本日、○○の資料を拝受致しました。
お忙しい中、ご手配いただき、誠にありがとうございました。

取り急ぎの事情説明：
内容を詳しく拝見してから、また、ご相談させていただければと存じますので、よろしくお願い申し上げます。

しめくくり：
取り急ぎ、御礼まで。

□□株式会社　営業部企画課
原田洋　harada@kakukaku.co.jp
電話　00-0000-0000　FAX　00-0000-0000

B メール受信を知らせる場合

□□社の原田です。
メールありがとうございました。
ご連絡いただいた内容にそって、これから課で調整したいと考えております。お忙しい中、早速のご対応に感謝しております。
来週には、お返事申し上げますので、よろしくお願い致します。

□□株式会社　営業部企画課
原田洋　harada@kakukaku.co.jp
電話　00-0000-0000　FAX　00-0000-0000

していないのですが、取り急ぎ、お礼だけ申し上げようと思いまして…。また、ご連絡させていただきます」

「企画書を受け取りました。ありがとうございました。このあと、社内で検討させていただきたいと思いますので、少しお時間をいただければと思います。今月末には、ご連絡申し上げたいと思いますので、よろしくお願い致します」

■ **不足がある場合**

「申込書を受け取りました。ありがとうございました。それで、たいへん申し訳ないのですが、ご勤務先の○○証明が、入ってなかったようで…。（相手のリアクション）申し訳ありません。お待ちしておりますので、ご手配いただき、追ってお送りいただけますでしょうか。お手数をおかけしますが、よろしくお願い致します」

基本動作

09 仕事を依頼する

業務のいろいろな場面で発生する「お願いごと」。その段取りについて考えてみましょう。

仕事の進め方

Ⓐ → Ⓑ → Ⓒ → ● 完了 or 納品

Ⓐ 依頼先の検討
★ 最初の打診。相手方のサービス内容、価格、稼働状況（余力）などを確認。
★ 必要であれば、見積もりや納期などを出してもらう。

Ⓑ 依頼
★ 依頼内容、価格や報酬、納期などを明確にし、依頼状にして渡したり、契約書を交わす。

Ⓒ 進行管理

☑ 顔を合わせることの大切さ

定期的な物品の発注などはメール・電話・ファクスだけですませることも多いが、新規の「お願いごと」は、知っている間柄でも、できれば顔を合わせて打ち合わせをしたい。特に、専門家やクリエイターなど個人の「やる気」や「好意」に左右されやすい仕事や、納期が近かったり報酬が安かったりで無理をお願いしなくてはならない仕事などは、足を運んでお願いし、依頼後もこまめな連絡を心がけよう。

Ⓐ Ⓑ 問い合わせをする 電話

便利フレーズ

電話をかける前に…
■ 依頼内容や確認事項を整理しておく。
■ スケジュールや金額などが折り合わない場合、譲歩できる範囲を上司などと相談しておく。

■ **初めての相手に問い合わせる場合**

「初めてお電話させていただきます。私、□□社の遠藤と申します。実は、御社にポスターの制作をお願いできないかと思いまして、ご連絡致しました」

■ **依頼する**

「実は、先生にぜひご講演をいただきたいというお願いなのですが…。10月中の平日の午後という希望なのですが、ご都合のよい日はありますでしょうか」

A 電話で打診したあとの ファクス

文例

```
FAX                    送信日 00年0月0日

送信先：              送信元：
□□ホテル             株式会社○○○○
営業部一課             TEL  00-0000-0000
沢田彩子　様          FAX  00-0000-0000
FAX番号 00-0000-0000   担当：総務部・石井良子

送信枚数（本状を含め）　　枚


　さきほどはお電話で失礼を致しました。
　弊社「10周年パーティー」のおおまかな計画案をお送り
いたします。
　この計画案をもとに、できれば複数のプランをご提案く
ださい。それぞれのプランについて、会場の図面、料理の
献立なども拝見できれば、幸いです。
　たいへん勝手ながら、今月末までには会場を決定したい
と考えております。よろしくお願い申し上げます。
```

Point 当然だが、同時に送信する計画案には、日程、時間帯、予算、招待客数、進行内容その他の希望がわかりやすく示されている必要がある。

「当社の○○プロジェクトの○○についてご協力をいただけないかと思っておりまして、一度、ご相談にうかがってもよろしいでしょうか」（相手に来社してほしいときは「一度、打ち合わせにおいでいただくことは可能でしょうか」など）

■ **依頼する前に条件を確かめたい場合**

「御社では、この規模の○○ですと、どの程度の金額でお受けになっておられるのでしょうか」

「実は、納期が8月中となっておりまして、スケジュールとして可能であれば、ぜひお願いしたいと思っております」

「一度、見積もりをお出しいただき、検討させていただきます」

仕事を進める基本動作

B 正式な依頼状 文例

09 仕事を依頼する

平成○年○月○日

□□大学工学部
教授　大林泰雄　先生

株式会社△△　研究開発部
部長　平井勝彦

基礎研修ご講義のお願い

　拝啓　初夏の候、ますますご健勝のこととお慶び申し上げます。
　このたびは、弊社基礎研修におけるご講義のお願いをご快諾くださいまして、誠にありがとうございました。
　この研修は、新しく研究部員となった社員が、研究開発の現状と課題を知ることにより、目標を見定め、意欲を高めていくことを狙いとしております。下記のとおり計画しておりますので、ご予定くださいますよう、改めてお願い致します。
　なお、レジュメや資料につきましては、9月5日までに、メール添付もしくは同封の返信用封筒にてお送りください。使用機材につきましても、あわせてお知らせいただけますと幸いでございます。
　なにとぞよろしくお願い申し上げます。

敬具

記

研修テーマ：研究開発部・基礎研修「素材産業の最前線」
日時：9月25日（木）午後3時〜5時
場所：本社8階　大会議室
対象者：研究開発部　本年度新入部員

担当：研究開発部総務課　山下明子　yama@sankaku.co.jp
　　　電話　00-0000-0000　FAX　00-0000-0000

以上

注釈：
- 正式な依頼状の場合、差出人は責任者名にする
- 事前に電話で了解をもらっている
- このあとの段取りとスケジュールを明らかにする
- 研修内容に特別な希望がある場合は付記しておく
- 不明な点があった場合のために、担当者の名前や電話番号等も必須
- ＊本社地図を添付するなどの配慮を忘れずに

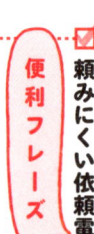

頼みにくい依頼電話 便利フレーズ

「お忙しいところ、急なお願いで本当に申し訳ないのですが、来週中に取材をさせていただけないかと思っております。ご都合はいかがでしょうか」

「今回、予算が非常に限られておりまして、前回の8割程度の委託料になってしまうのですが、お受けいただくことは可能でしょうか」

「突然のお願いで、たいへん失礼かと存じますが、新聞記事でこのたびのご研究のことを拝見いたしまして、ぜひとも先生にお願いしたいと思い、お電話をさせていただきました」

依頼後のフォローをするメール

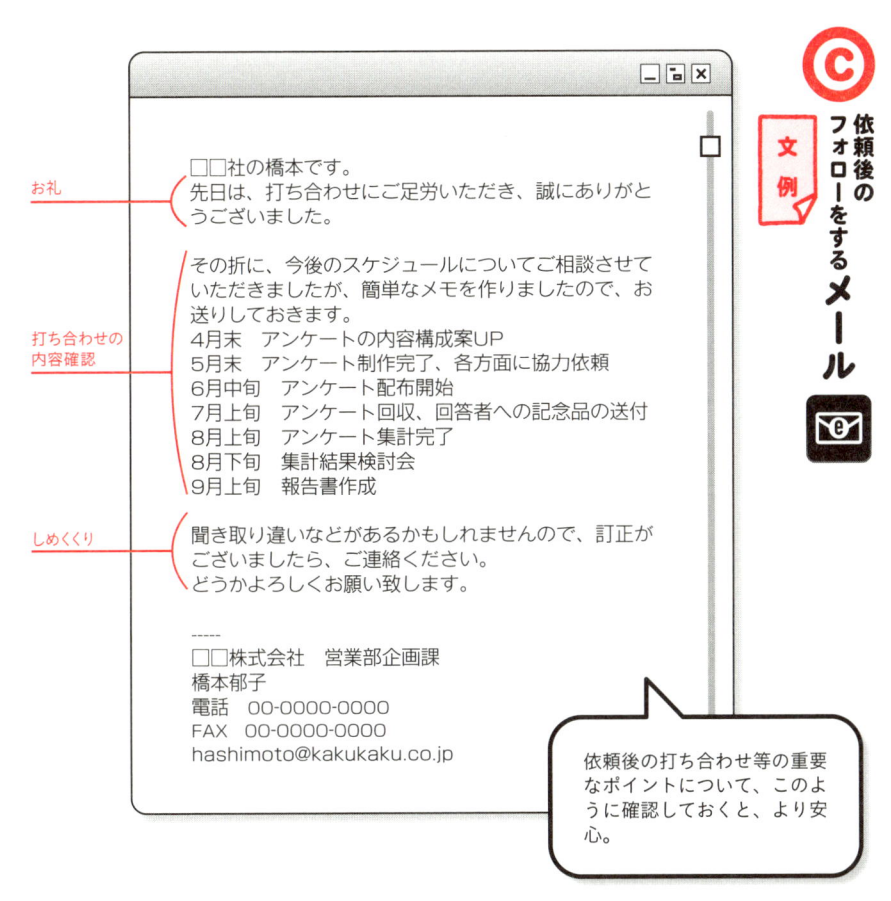

文例

□□社の橋本です。
先日は、打ち合わせにご足労いただき、誠にありがとうございました。

【お礼】

その折に、今後のスケジュールについてご相談させていただきましたが、簡単なメモを作りましたので、お送りしておきます。
4月末　アンケートの内容構成案UP
5月末　アンケート制作完了、各方面に協力依頼
6月中旬　アンケート配布開始
7月上旬　アンケート回収、回答者への記念品の送付
8月上旬　アンケート集計完了
8月下旬　集計結果検討会
9月上旬　報告書作成

【打ち合わせの内容確認】

聞き取り違いなどがあるかもしれませんので、訂正がございましたら、ご連絡ください。
どうかよろしくお願い致します。

【しめくくり】

□□株式会社　営業部企画課
橋本郁子
電話　00-0000-0000
FAX　00-0000-0000
hashimoto@kakukaku.co.jp

> 依頼後の打ち合わせ等の重要なポイントについて、このように確認しておくと、より安心。

依頼状に必要なこと

＊すべてが必要とは限らないので、ケース・バイ・ケースで判断します。

- □目的（依頼の理由、趣旨、依頼の背景）
- □内容（数量などの条件は明確にすること。必要に応じて箇条書きで示したり、希望を付記したりして、わかりやすく）
- □日時（実施日、時刻、締め切り日）
- □場所（実施場所）
- □価格・報酬（金額、支払い時期、支払い方法等）
- □問い合わせ先・返信先（差出人が責任者の場合は、直接の担当者の名前と連絡先を文末などに記しておく）

10 提案する・見積もりを出す

基本動作

取引先に提案したい、見積もりを出してアピールしたい、そんなときの段取りは？

仕事の進め方

〈取引先〉
- 打診・相談など
- 検討
- 発注の決定
- 受注

〈当社〉
- ニーズの把握
- Ⓐ 企画書・見積もりの作成・提案
- Ⓑ すり合わせ
  ★企画や見積もりの再提出など

Ⓐ Ⓑ 提案の前後の電話

便利フレーズ

■ 電話をかける前に…
- 先方へ出かけて説明するつもりの場合は、日程も考えておく。
- 相手の反応を予測し、対応を考えておく。

■ **持ち込みの提案をする**

「先日、お話が出ていましたキャンペーンの件ですが、私どもから、ぜひお勧めしたい企画がありまして、ご提案申し上げたいのですが…」

■ **依頼に応えて提案する**

「ご依頼いただいた○○の件ですが、ちょうどよい素材が見つかりまして、ご要望にそったプランができ上がっております。早速、お持ちしてご説明させていた

A 提案書に添えるメール

文例

Point 企画書や提案書は、足を運んで持参するのが通常だが、先方の意向に合わせ、まず文書のみ送っておくこともある。

平成○年○月○日

△△株式会社
　総務部OA課
　　石井真紀子　様

□□株式会社
　CCアドバイザー
　　　白井　聡

　　　　ABC型サーバー導入のご提案

拝啓　時下、ますますご清栄のこととお慶び申し上げます。
　日ごろは、格別のお引き立てを賜り、誠にありがとうございます。
　さて先般は、貴社ネットワーク環境の改善につきましてご相談をいただき、誠にありがとうございました。
　貴社の現状および新規事業のニーズなどもふまえ、子細に検討しました結果、別紙のとおり、ABC型サーバーの導入をご提案させていただくことになりました。
　ABC型サーバーの導入により、既存のサーバーの集約が可能になり、事業拡大によるサーバー増設も容易になります。
　別紙の見積もりも含めた詳細をご覧いただき、ご検討くださいますようお願い申し上げます。
　なお、ご不明な点がございましたら、いつでもご説明におうかがい致しますので、ご連絡ください。
　なにとぞよろしくお願い申し上げます。

　　　　　　　　　　　　　　　　　　　敬具

「先日、ご相談がありました○○のお見積もりですが、なんとかご予算の範囲内でおさまりましたので、ご検討いただけますでしょうか。とり急ぎお見積書をメール添付でお送り致します」

■ **NGが出てしまったとき**

「メールを拝見いたしました。まだ時期尚早とのことでしたが、さしつかえなければ、もう少し詳しくお聞かせいただきたいと思いまして…。不足している部分につきましては、さらに改善してまいりたいと考えております」

「予算が厳しいとのこと、ご連絡ありがとうございました。私どもとしましても、できる限り努力をさせていただいたつもりでしたが、ご希望にそえず、たいへん申し訳ありませんでした。また次の機会をいただければと思っておりますので、どうかよろしくお願い致します」

だきたいと思いますが、今週か来週あたりのご予定はいかがでしょうか」

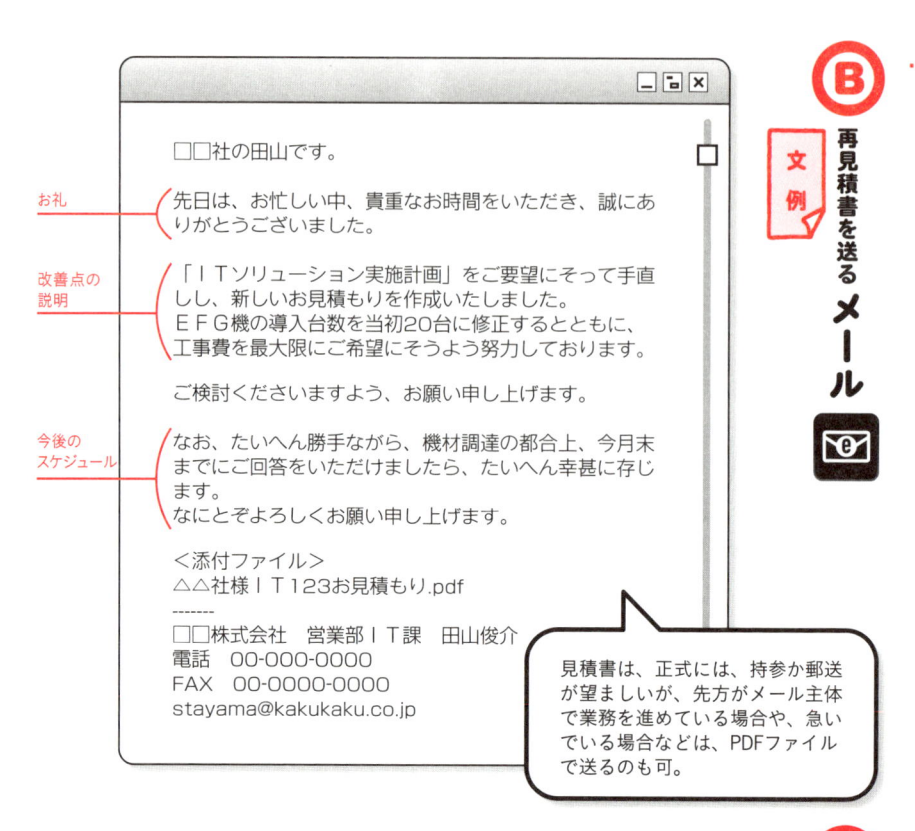

10 提案する・見積もりを出す

B 再見積書を送る メール 文例

□□社の田山です。

お礼
先日は、お忙しい中、貴重なお時間をいただき、誠にありがとうございました。

改善点の説明
「ITソリューション実施計画」をご要望にそって手直しし、新しいお見積もりを作成いたしました。
EFG機の導入台数を当初20台に修正するとともに、工事費を最大限にご希望にそうよう努力しております。

ご検討くださいますよう、お願い申し上げます。

今後のスケジュール
なお、たいへん勝手ながら、機材調達の都合上、今月末までにご回答をいただけましたら、たいへん幸甚に存じます。
なにとぞよろしくお願い申し上げます。

＜添付ファイル＞
△△社様IT123お見積もり.pdf

□□株式会社　営業部IT課　田山俊介
電話　00-000-0000
FAX　00-0000-0000
stayama@kakukaku.co.jp

> 見積書は、正式には、持参か郵送が望ましいが、先方がメール主体で業務を進めている場合や、急いでいる場合などは、PDFファイルで送るのも可。

A スケジュールの提案 文例

○○社　総合システム導入計画（20XX年9月〜20XX年5月）
担当：プロジェクトチームA

●スケジュール

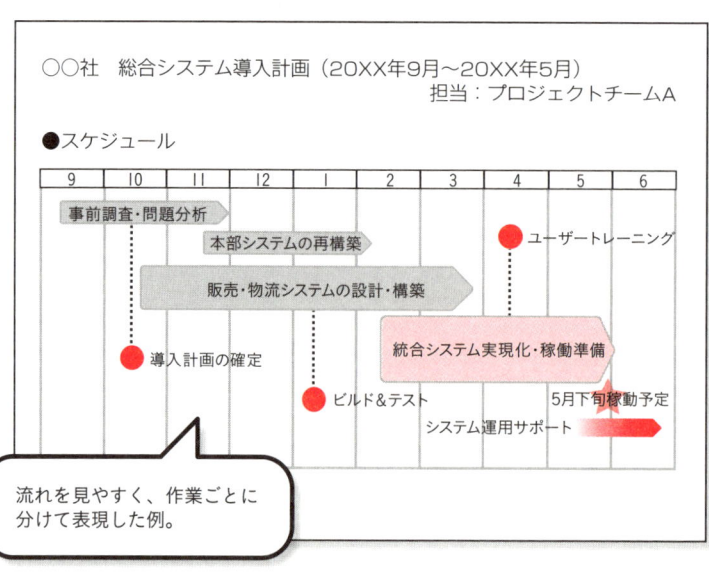

| 9 | 10 | 11 | 12 | 1 | 2 | 3 | 4 | 5 | 6 |

- 事前調査・問題分析
- 本部システムの再構築
- 販売・物流システムの設計・構築
- ユーザートレーニング
- 導入計画の確定
- 統合システム実現化・稼働準備
- ビルド＆テスト
- 5月下旬稼動予定
- システム運用サポート

> 流れを見やすく、作業ごとに分けて表現した例。

A 見積書の例 （文例）

平成○年○月○日
お問合せ番号11-1234

お見積書

早川　隆司　様

株式会社□□プランニング
〒170-0000東京都豊島区東池袋0-0-0
TEL00-0000-0000 FAX00-0000-0000

下記のとおり、お見積もり申し上げます。
ご用命をお待ちしております。

工事名　○○○○リフォーム工事　（住所：板橋区大山0-0-0-0000）

お見積もり金額　**892,500 円**　（消費税込み）

＜内訳＞　＊詳細は見積もり明細参照

No.	項目	数量	単位	金額(円)
1	フローリング工事	1	式	300,000
2	内装クロス工事	1	式	110,000
3	塗装工事	1	式	40,000
4	建具工事	1	式	100,000
5	キッチン設備	1	式	200,000
6	搬入養生	1	式	100,000
小計				850,000
消費税				42,500
合計				892,500

＜お支払い条件＞

契約時	100,000円
着工時	0円
完了時	792,500円

> 仕事が完成するまでに、想定外のことが起こったり、クライアントの方針が変更になったり、担当範囲について互いに誤解が生じる場合もある。見積書では、後でトラブルにならないように、その費用に含まれる範囲を明確に記した明細をつけ、説明することが必要。

☑ 問題を整理し、選択してもらう

取引先・顧客の依頼や相談が漠然としているときは、まず、話によく耳を傾け、相手が求めていることを把握し、問題を整理することが大切。ケース別にいくつかの選択肢のあるプランや見積もりを作成して選択してもらうと、より納得感を高めることができる。

仕事を進める基本動作

11 変更通知をする（メールアドレス、電話番号、価格ほか）

基本動作

多数の関係者に知らせる通知文や業務連絡。すっきりスマートな伝え方とは？

仕事の進め方

変更の発生がわかる
★すぐに通知方法を検討
- いつ
- 誰に（送付先のリスト）
- どのように（電話か、文書か、メールか、ファクスか）
- いくらで（多数に文書で送る場合は、費用も見積もる）

★電話番号や価格の変更などの重要事項は、上司・関係各署と相談しながら進める。

周知方法を決定

文案を作成
Ⓐ 重要な通知を発信する場合は、上司や責任者にチェックしてもらう。

発送・発信

☑ **多数に発信する通知での注意**
【送付リスト】知らせるべき相手先に連絡が行き渡るよう、送り先のリストを作成し、社内関係者にもチェックしてもらう。
【ミス防止】日時、場所、金額その他の重要事項は、最終段階で必ず見直して、ミスがないか確認する。

Ⓐ 文例　アドレスの変更を知らせるメール

□□社の早川です。
お世話になっております。

このたび、私のメールアドレスが変更になりましたので、お知らせ申し上げます。
お手数ですが、お手元の控えをご変更ください。

　新アドレス　rinhayakawa@kakukaku.co.jp

なお、以前のアドレスは5月1日から受信できなくなる予定です。
今後とも、倍旧のご厚誼を賜りますよう、よろしくお願い申し上げます。

□□株式会社　営業部企画課
早川倫子　rinhayakawa@kakukaku.co.jp
電話　00-0000-0000　FAX　00-0000-0000

A 文例 電話番号の変更を知らせる手紙

電話番号変更のお知らせ

拝啓　時下、ますますご健勝のこととお喜び申し上げます。
　平素は格別のご高配を賜り、厚く御礼申し上げます。
　このたび、弊社組織変更に伴い、下記のとおり営業部の電話番号が変更となりますので、お知らせ申し上げます。
今後とも、ますますのお引き立てを賜りますよう、よろしくお願い致します。
　　　　　　　　　　　　　　　　　　　　敬具
　　　　　　　　　　　　　株式会社△△△営業部

	営業部第一課	営業部第二課
旧	00-0000-0000	00-0000-0000
新	00-0000-0000	00-0000-0000

変更日　平成○年○月○日

（追加で）お手数ですが、お手元の控えをお改めください

A 文例 価格改定を知らせる通知文

　　　　　　　　　　　　　　平成○年○月○日
各位
　　　　　　　　　□□株式会社
　　　　　　　　　代表取締役　飯島健児

　　　　　ABC価格改定のお知らせ

拝啓　時下、ますますご盛業のこととお喜び申し上げます。
　日頃は格別のお引き立てを賜り、誠にありがとうございます。
　さて、ニュース等でもお聞きおよびのことと存じますが、原油価格の高騰が著しく、ご愛用いただいておりますABCの生産コストが増大しております。当社では、価格据え置きのため最大限の努力をしてまいりましたが、やむなく、6月より、下記のとおり値上げをさせていただくことになりました。
　皆様には、たいへんご迷惑をおかけ致しますが、なにとぞご理解賜りますよう、伏してお願い申し上げます。
　　　　　　　　　　　　　　　　　　　敬具
　　　　　　　　　　　記
ABC　1ダースセット価格
　旧価格　28,000円
　新価格　30,000円
　[問い合わせ窓口]　営業部　担当　村井康祐
　　　TEL 00-0000-0000　FAX 00-0000-0000
　　　　　　　　　　　　　　　　　　　以上

- このような通知は、責任者名で出す
- 事情説明など、誠意をこめた文章に
- 実務の担当部署の連絡先を入れる

12 基本動作

お客様・地域に広く知らせる

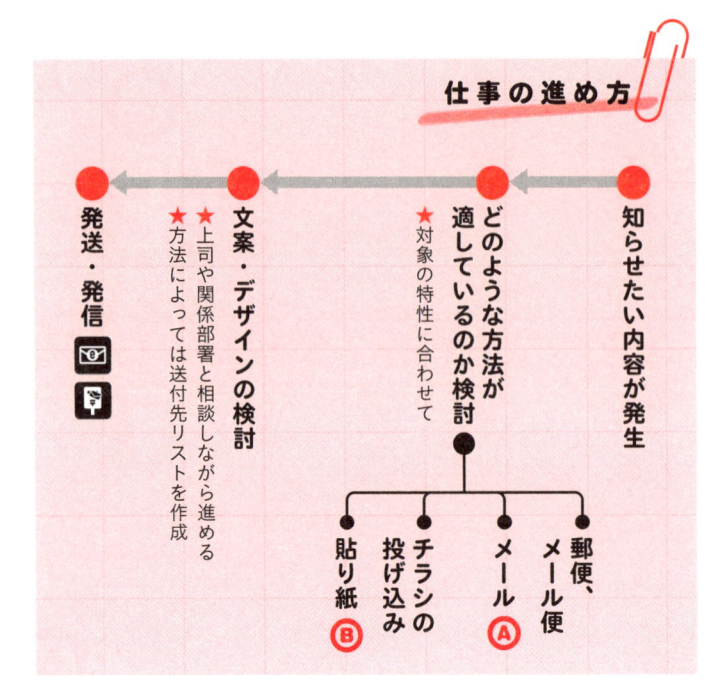

ユーザー、来店者などの顧客、地域の人たちに、広く知らせたいことがあるときは？

仕事の進め方

知らせたい内容が発生
↓
どのような方法が適しているのか検討
★対象の特性に合わせて
- 郵便、メール便
- メール **Ⓐ**
- チラシの投げ込み
- 貼り紙 **Ⓑ**
↓
文案・デザインの検討
★上司や関係部署と相談しながら進める
↓
発送・発信
★方法によっては送付先リストを作成

Ⓐ 文例 商品情報を知らせるメール

株式会社△△△△からのお知らせ
〇〇産有機野菜の取り扱いについて

本メールは、弊社のインターネット申し込みをご利用のお客様全員にお送りしております。

今月5月から取り扱いを開始し、ご好評をいただいてまいりました〇〇産有機野菜ですが、同地の産物に基準値以上の農薬検出との報道があり、たくさんのお問い合わせをいただいております。

弊社取り扱い商品には、現在のところ、問題の農薬が検出されたものはなく、すべての取り扱い商品の安全性に問題はないと考えておりますが、念には念を入れ、さらなる検査を実施する予定でございます。

このような体制のもと、今後も、安全な品物だけをご提供してまいりますので、どうぞご安心の上、ご利用いただきますよう、お願い申し上げます。

株式会社△△△△　info@sankaku.co.jp
電話　00-0000-0000　FAX　00-0000-0000

B 文例 お休みを知らせる貼り紙

□□□□　6月1日（土）
リニューアル・オープンのお知らせ

いつも□□□□をご愛顧いただきまして、誠にありがとうございます。□□□□は、6月1日、まったく新しいヒーリング・スポットとしてリニューアル・オープンいたします。

このため、誠に勝手ながら、**5月27日（月）〜31日（金）**は準備のため、お休みさせていただきます。6月1日以降のご来店を心よりお待ち申し上げております。

スタッフ一同

B 文例 リフォーム工事のお知らせ（掲示）

平成○年○月○日

サンハイツ居住者各位

株式会社□□□□
170-0000 豊島区東池袋○-○-○
電話 00-0000-0000　担当：山下

511号室リフォーム工事のお知らせ

このたび、サンハイツ511号室のリフォーム工事を、下記のとおりの予定で実施することになりました。
　工事期間中は、何かとご迷惑をおかけすることがあるかと存じますが、なにとぞ、ご理解・ご協力を賜りますよう、お願い申し上げます。

記

4月	10日 月	11日 火	12日 水	13日 木	14日 金
壁面ビニールクロス	○				
クッションフロア		○			
システムキッチン			○		
予備日				○	
クリーニング				○	○

以上

Point マンションの掲示板用。荷物の搬入搬出や、多少の騒音が発生することの理解をお願いするとともに、工事業者としてのアピールも兼ねる。

基本動作

13 上司・先輩に報告する

出張や外回りの仕事のときは、上司にきちんと報告。出張報告書の上手な書き方は？

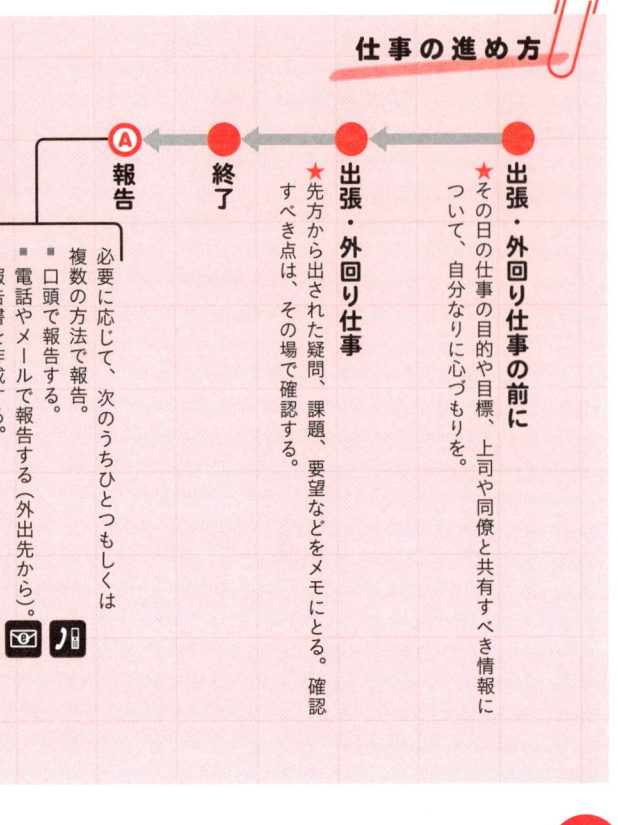

仕事の進め方

出張・外回り仕事の前に → 出張・外回り仕事 → 終了 → 報告 Ⓐ

- **出張・外回り仕事の前に**
  ★ その日の仕事の目的や目標、上司や同僚と共有すべき情報について、自分なりに心づもりを。

- **出張・外回り仕事**
  ★ 先方から出された疑問、課題、要望などをメモにとる。確認すべき点は、その場で確認する。

- **報告**
  ★ 必要に応じて、次のうちひとつもしくは複数の方法で報告。
  - 口頭で報告する。
  - 電話やメールで報告する（外出先から）。
  - 報告書を作成する。
  - 会議で報告する。

Ⓐ 上司や先輩に報告する 電話

便利フレーズ

- **仕事の終了のみを伝える**

「さきほど、□□社さんとの打ち合わせが修了しました。これから社に戻ります（今日はこのまま、直帰させていただきます）」

- **予定外の行動になる場合**

「今、浦和駅ですが、□□社さんで打ち合わせが延びて、遅くなってしまいました。社に戻る予定でしたが、このまま直帰させていただこうと思いますが、よろしいでしょうか？」

「□□社さんとの打ち合わせは終わったのですが、今ほど、△△社の岩永さんと連絡がとれ、お会いできるとのことですので、そちらに回ってから帰社します。午後4時ごろになるかと思いますが、よろしいでしょうか？」

A 出張先からの報告メール 文例

石井です。現在、新大阪駅です。

本日午後1時より、△△社営業課の井上氏を訪問し、○○の商品見本のご説明をしました。6月より使用してみたいとのこと、新機能に関心をもっておられます。

午後3時に、××社の大西氏を訪問。
○○シリーズのご紹介をし、カタログをお渡ししました。

このあと、東京に戻り、本日は直帰させていただきます。

□□株式会社　営業部　進藤陽子
電話　00-0000-0000　FAX　00-0000-0000
shindo@kakukaku.co.jp

> このような出張先からの連絡を電話で入れるか、メールを使うかは、職場の慣習にもよる。予定外の行動になる場合は、電話で上司の許可を得るようにする。

A 出張報告書 文例

提出日　平成○年○月○日

出張報告書

出張者	大野昌人	所属部署	営業一課
日時	○月○日（火）13：00～15：00	場所	△△社
面会者	△△社食品部営業課　山城隆氏、岩本明子氏		
目的	ABC販売促進のための打ち合わせ		

成果もしくは経過
・正月キャンペーンのプランを説明。社内で検討するとのこと。
・WEBプランについて要望あり。（別紙参照）
・競合商品の情報を至急ほしいとの要望あり。
・その他：ABCのTVCMについて、△△社内の評判はよい。キャラクターのインパクトが強い。

所感
□□社の新商品に警戒感を持たれており、特に、WEBでのアピールで負けているという意見があるようです。なんらかの強化策が必要と思われます。

Point

- 何をしたか、簡潔に要点を書く。
- 今後の仕事の進め方にかかわる事柄（先方からの返事、感想、要望など）は正確に書きとめる。
- 自分の主観的な判断、感想は事実経過と分けて、「所感」の欄に記入する。

基本動作 14

社内会議をセッティングする

2時間の会議に10人が出席すれば、使われた時間は延べ20時間。中身のある会議のための準備を。

仕事の進め方

会議の計画 → 日程調整（22ページ参照） → Ⓐ 開催通知 → Ⓑ 出欠確認・議事次第・資料等の準備 → 開催・進行 → Ⓒ 会議録作成・参加者へのフィードバック

- 〈初めての場合〉目的、達成目標、時期、参加メンバーを明確にする。
- 「そんなことは聞いていない」という不協和音を呼ばないためには、上層部や関係各署と十分な相談をしておく。

- 情報の共有、意見交換、決議などをどこまでするかなど、会議の成果を頭に描き、議事進行を考え、必要な資料を用意する。

✓ 時間を有効活用するために

- 事前に議論に必要な情報や提案などを出してもらい、参加者に配付しておく。当日は、まず参加者に会議の進行予定や到達目標を知らせ、議事進行への協力を求める。主催者の意欲が、会議の雰囲気を左右すると考えよう。

Ⓑ 会議参加者への内線電話

便利フレーズ

■ **資料の提供をお願いする**

「20日の会議の参加者から、半期の実績を見たいという意見がありまして、お忙しいところ申し訳ないのですが、資料をご準備いただけますでしょうか。前日までにファイルでいただければ助かります」

■ **参加者からテーマを超えた提案などがあったとき**

「たいへん貴重なご意見をありがとうございました。ただし、限られた時間で、そこまで議論するのは難しいのではないかという判断がありまして、参考資料として机上配付のみとさせていただきたいと考えておりますが、いかがでしょうか」

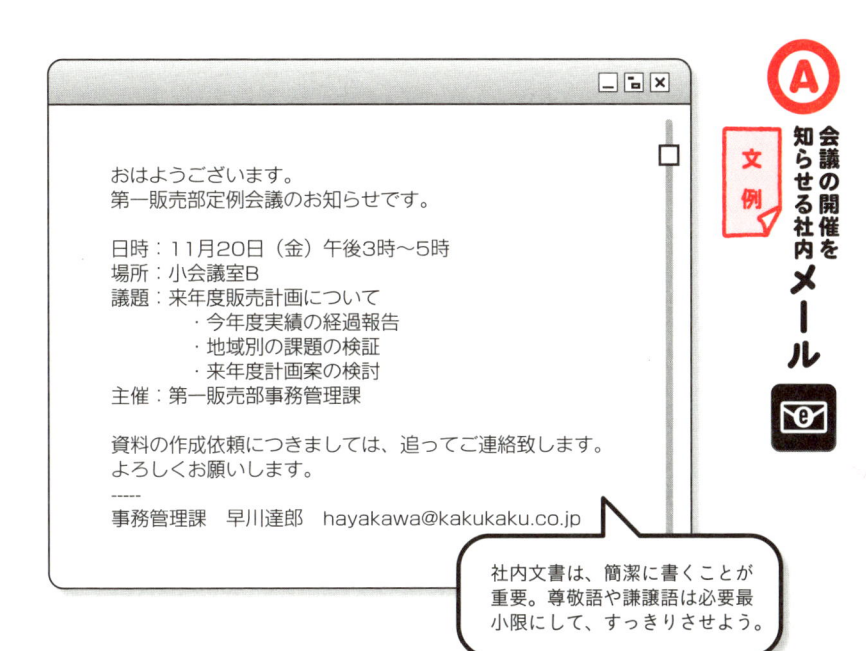

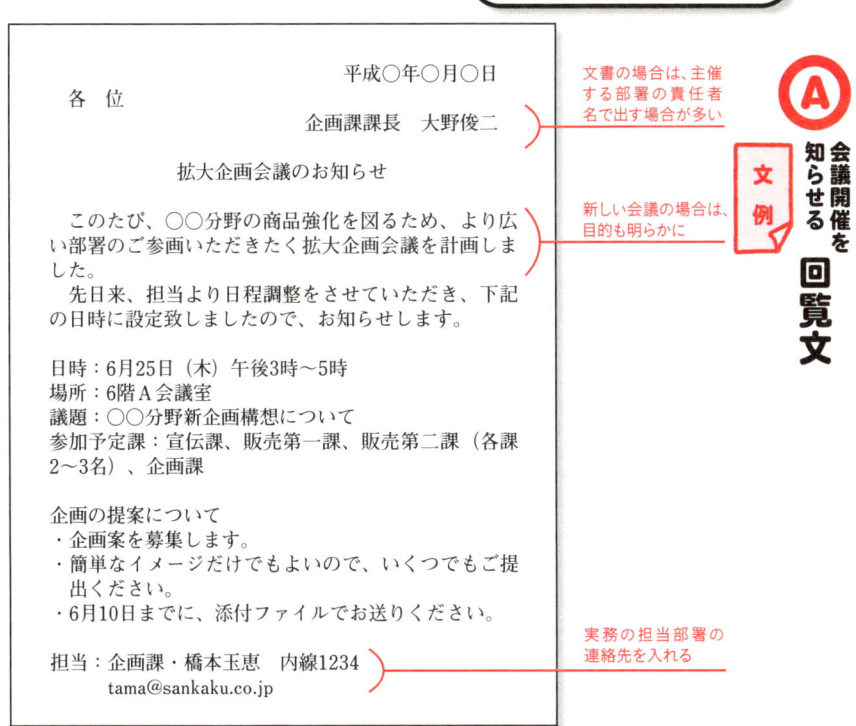

文例A 会議の開催を知らせる社内メール

> おはようございます。
> 第一販売部定例会議のお知らせです。
>
> 日時：11月20日（金）午後3時〜5時
> 場所：小会議室B
> 議題：来年度販売計画について
> 　　　・今年度実績の経過報告
> 　　　・地域別の課題の検証
> 　　　・来年度計画案の検討
> 主催：第一販売部事務管理課
>
> 資料の作成依頼につきましては、追ってご連絡致します。
> よろしくお願いします。
> -----
> 事務管理課　早川達郎　hayakawa@kakukaku.co.jp

社内文書は、簡潔に書くことが重要。尊敬語や謙譲語は必要最小限にして、すっきりさせよう。

文例A 会議開催を知らせる回覧文

> 　　　　　　　　　　　　　　平成○年○月○日
> 各　位
> 　　　　　　　　　　　企画課課長　大野俊二
>
> 　　　　　　拡大企画会議のお知らせ
>
> 　このたび、○○分野の商品強化を図るため、より広い部署のご参画いただきたく拡大企画会議を計画しました。
> 　先日来、担当より日程調整をさせていただき、下記の日時に設定致しましたので、お知らせします。
>
> 日時：6月25日（木）午後3時〜5時
> 場所：6階A会議室
> 議題：○○分野新企画構想について
> 参加予定課：宣伝課、販売第一課、販売第二課（各課2〜3名）、企画課
>
> 企画の提案について
> ・企画案を募集します。
> ・簡単なイメージだけでもよいので、いくつでもご提出ください。
> ・6月10日までに、添付ファイルでお送りください。
>
> 担当：企画課・橋本玉恵　内線1234
> 　　　tama@sankaku.co.jp

- 文書の場合は、主催する部署の責任者名で出す場合が多い
- 新しい会議の場合は、目的も明らかに
- 実務の担当部署の連絡先を入れる

仕事を進める基本動作

14 社内会議をセッティングする

B 議事次第 の例

文例

平成○年度　上半期営業総括会議

　　　　　　　　日時：平成○年○月○日（金）
　　　　　　　　　　　午後2時～4時
　　　　　　　　場所：本社　第三会議室

　　　　　　　次　第

1　開会

2　議事

　　1）第一営業部　報告
　　2）第二営業部　報告
　　3）営業報告・案文説明
　　4）質疑応答・意見交換
　　5）総括ポイントのまとめ
　　6）その他

3　閉会

【配布資料】

　　資料1　第一営業部　実績データ
　　資料2　第二営業部　実績データ
　　資料3　地域別調査結果
　　資料4　営業報告案文

Point　議事の進め方を各自の手元に配っておくことで、参加者も、会議の進行を頭に置いて、発言等ができる。

論点整理のための資料をつくろう

現状分析や意見の相違点などについて、マトリックスや表などを作成すると、議論しやすくなる。

表

○○のメリットとデメリット

	メリット	デメリット
Aの場合		
Bの場合		

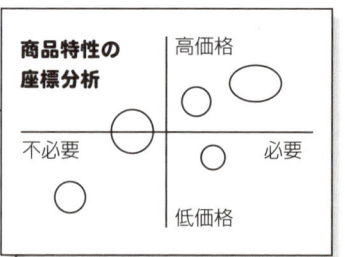

マトリックス

商品特性の座標分析

（高価格／低価格／不必要／必要の4象限図）

アフターフォローのための**会議報告**文例

```
              販売・営業定例連絡会議　報告

日時    　平成○年○月○日（金）　午後2時～4時
場所    　第一会議室
参加者  　販売事務課：議長・大野、川上、岩代、花田
        　営業課：主任・板橋、坂上、飯島、早野
        　計8名
議事の要点
［報告］
・全体の○○売上は、前月比15％増で、例年よりも上向き。
　注文件数の内訳は、Aが2000、Bが1500。
・インターネット経由の申し込みの伸びが著しい。
・3月15日にサーバーが停止する事故があり、復旧に5時間かかった。
・□□社と取引開始。

［検討事項と決定内容］
・営業体制は現状を維持し、このあとの推移を見る。　（決定）
・苦情の分析のためのデータベースを構築したい。　（要検討）
・サーバーの事故を未然に防ぐ方法、もしくは停止した場合にもっ
　と早く対応できる体制をつくることが必要。　（要検討）
・□□社への営業強化が必要。　（決定）

次回の日程　○月○日（金）　午後2時～4時
懸案事項

| 内容                           | 期限        | 主担当        |
| データベース構想の素案づくり   | 次回まで    | 板橋、大野    |
| サーバー停止対応を△△社と協議 | ○月末まで  | 大野、岩代    |

                            記録：桜井咲子　○月○日作成
```

Point

- 「会議録」「議事録」「会議メモ」などの文書は、会議で話し合われたことを記録し、結論を確認したり、業務に反映させたりするために作成する。
- 会議の成果をムダにしないためにも、内容をよく整理することが重要。会議の欠席者が見ても、重要なポイントがわかるように配慮する。
- 「次回までに調べる」「検討する」「案をつくる」など、会議で出た「宿題」は、担当者を決め、記録にも書きとめる。

☑ 会議のタイプによって工夫を

＊会議の目的によって工夫しよう。

意見交換型会議
出された意見の記録を細かくとり、整理分類する。

意思決定型会議
ひとつひとつの案件について、「決定」「保留（検討）」「没（ボツ）」などの結論とその理由を記録する。

連絡型会議
各部署が提出した資料を補う形で、説明や意見の内容を記録する。

仕事を進める基本動作

Part 2

☑ おつき合いを
広げる応用動作

応用動作 01

仕事のお礼を言う

忙しさの中でウッカリしてしまいがちですが、何かの節目や特別なときは、お礼を言いましょう。

仕事の進め方

仕事の完了 or 節目に感謝！

- 助かった、いい仕事をしてもらったので、ひとこと伝えたい
  - Ⓐ 連絡のついでにひとこと 📞
  - Ⓑ メールでひとこと ✉
- 大事な取引先や先生だから、礼をつくしたい
  - Ⓒ ていねいにお礼状 ✒

☑ 電話・メール・手紙で機を逃さずお礼を

お礼状は手紙で出すのが基本ですが、そこまでしなくてもいい場合でも、電話やメールで、ひとこと感謝の言葉があるかどうかで、相手との関係が、ぐっと変わってくることがあります。

Ⓐ 軽く感謝を伝える 電話 📞

便利フレーズ

■ **助けてもらったとき**
「いろいろと至らない点が多く、ご迷惑をおかけしました。助けていただいて、本当にありがとうございました」

■ **急いでもらったとき**
「今回は、急なお願いのところを、間に合わせていただき、本当に助かりました。ありがとうございました」

■ **ていねいな仕事をしてもらったとき**
「いつもこまやかに対応していただき、助かっております。今後ともよろしくお願い致します」
「素晴らしい仕上がりで、お客様も喜んでおられました。ありがとうございました」

B 訪問後の感謝を伝えるメール 文例

□□社の本橋です。

本日は、貴重なお時間をいただきまして、ありがとうございました。
○○市場の現状について、詳しくお聞きすることができ、たいへん勉強になりました。

お聞きした話をもとに、チーム内でも情報収集と分析を進め、ご期待にそう企画案をつくり上げたいと思っております。

また今後も、何かご指導を乞うことがあるかと存じますが、どうかよろしくお願い申し上げます。

とり急ぎ、御礼まで申し上げます。

□□株式会社　第一事業部企画課　本橋啓子
電話　00-0000-0000　FAX　00-0000-0
kmotohashi@kakukaku.co.jp

> 打ち合わせや取材などで訪問した後、ひとことお礼のメールを入れると印象がよい。上のような具体的な材料がないときは、2行目以降を、「いろいろお聞きして、たいへん参考になりました。今後とも、なにとぞよろしくお願い致します。」と簡単にまとめてもいい。

B 仕事の納品を受けてのメール 文例

□□社の本橋です。

本日、○○○のパンフレットの見本が到着致しました。
全体の色合いが従来のものとはまったく違い、おだやかで、安心感のあるデザインで、社内でもたいへん好評です。

制作期間が短く、ずいぶんご無理をお願いしましたが、私どもの希望をすべてかなえ、素晴らしいものに仕上げていただき、心より感謝しております。
ありがとうございました。

今後ともよろしくお願い致します。
とり急ぎ、御礼まで。

□□株式会社　第一事業部企画課　本橋啓子
電話　00-0000-0000　FAX　00-0000-0000
kmotohashi@kakukaku.co.jp

01 仕事のお礼を言う

協力者へのお礼状【文例】

拝啓　早春の候、貴社におかれましては、ますますご清栄のこととお慶び申し上げます。

先般、私どもの○○プロジェクト立ち上げに際しましては、多大なるご協力を賜り、誠にありがとうございました。

お陰さまをもちまして、施設は3月5日に無事完成し、来月にはオープンできる運びとなりました。

これもひとえに、プロジェクトの開始段階から熱心にご助言をくださった皆様のご厚意の賜物と、心より感謝致しております。

今後は、○○が地域に定着し、より多くの方のお役に立つ事業となるよう、誠心誠意努力してまいりたいと考えております。つきましては、今後とも、引き続きご指導くださいますよう、なにとぞよろしくお願い申し上げます。

とり急ぎ、御礼まで申し上げます。

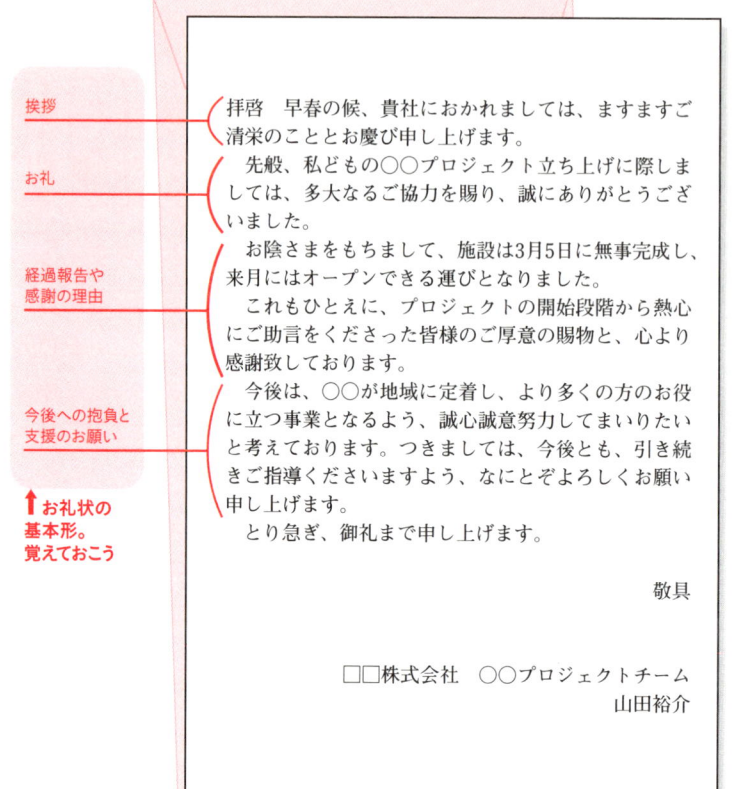

敬具

□□株式会社　○○プロジェクトチーム
山田裕介

- 挨拶
- お礼
- 経過報告や感謝の理由
- 今後への抱負と支援のお願い

↑お礼状の基本形。覚えておこう

☑ お礼状やお礼メールで使う便利フレーズ

〈お礼の言葉〉
- 誠にありがとうございました。
- 心より感謝しております。
- 深く感謝しております。
- 深謝申し上げます。
- 衷心より御礼申し上げます。
- 厚く御礼申し上げます。

〈お陰さまで…〉
- お陰さまで、…することができました。
- これも○○様のお力添えのお陰と、深く感謝致しております。
- これもひとえに、ご尽力の賜物と心より感謝致しております。
- ※ご支援の賜物と…ご指導の賜物と…

〈しめくくりの言葉〉
- とり急ぎ、御礼まで申し上げます。
- とり急ぎ、御礼まで。
- 略儀ながら、書中にて御礼申し上げます。

Ⓑ 仕事を紹介されたお礼のメール 文例

挨拶
□□社の柴田です。
いつもお世話になっております。

経過報告
本日、△△社の堀田様より、○○発注の打診をいただき、早速、10日に打ち合わせにうかがうことになりました。

お礼
これも戸田様のご支援のお陰です。
お心づかいに深く深く感謝しております。
ありがとうございました。

今後への抱負と支援のお願い
このうえは、必ずご期待にそう仕事をし、
ご恩に報いたいと思います。
今後とも、どうかよろしくお願い致します。

□□株式会社　営業部第一課　柴田玲子
電話　00-0000-0000　FAX　00-0000
r.shibata@kakukaku.co.jp

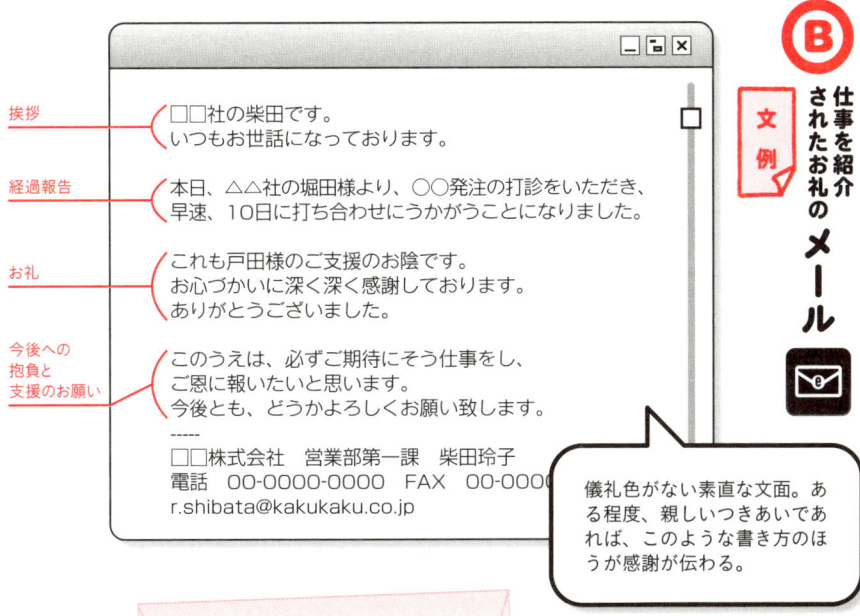

> 儀礼色がない素直な文面。ある程度、親しいつきあいであれば、このような書き方のほうが感謝が伝わる。

Ⓒ 講師へのお礼状 文例

平成○年○月○日

△△総合研究所
山岸透先生

　　　　　□□□株式会社
　　　　　人事部長　藤井修造

中堅社員研修の御礼

　拝啓　時下、ますますご清祥のこととお慶び申し上げます。
　過日はご多忙のところ、私どもの研修におきまして、たいへん貴重なご講義を賜り、誠にありがとうございました。
　金融市場のさまざまな動向がある中で、何を指標にすべきかについて、たくさんの最新情報とヒントをいただき、たいへん充実した研修とすることができました。
　今後は研修の成果を業務に活かし、お客様により一層充実したサービスを提供していけるよう努力してまいる所存でございますので、引き続きご指導・ご協力くださいますよう、お願い申し上げます。
　末筆となりましたが、今後のご活躍とご健勝をお祈り申し上げます。

　　　　　　　　　　　　　　　　　敬具

Point　実務は担当者レベルですべて進めていても、このような正式な礼状は、社長や管理職の名前で出すのが通例。

おつき合いを広げる応用動作

応用動作

02 お中元・お歳暮を贈る

会社間でお中元・お歳暮を贈る習慣も少なくなってきていますが、大事な人に感謝を表したい場合は…

仕事の進め方

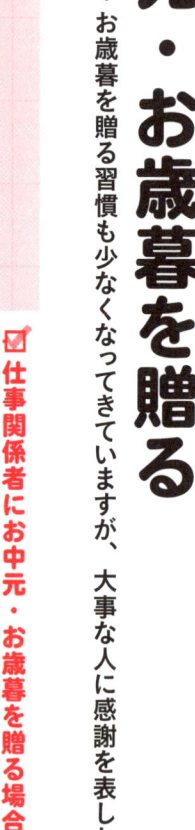

- お世話になった相手にお中元やお歳暮を贈りたい場合
  - Ⓐ 会社として贈る
    - 総務等が手配
  - Ⓑ 個人として贈る
    - 上司・関係部署と調整の上、自分で手配する
- 贈る物を選び、送り状を書き、品物に添えるか、別に郵送する

送り状を送るのは基本だが、恒例の場合は省略することも多い。

☑ **仕事関係者にお中元・お歳暮を贈る場合**

取引先や仕事で関係した人に、お中元・お歳暮を贈りたい場合は、まず上司に相談すること。お中元・お歳暮は会社の規定があって、総務などの部署が仕切っている場合も少なくない。会社や部署としてのお中元・お歳暮を自分が手配することになった場合は、贈り主の名義や予算、送り状などについても確認を。

■ **上司へのお中元・お歳暮**

職場の習慣にもよるが、一度始めてしまうと恒例になり、お互いに負担になってしまうので、安易には贈らないほうがよい。何か特別なことがあって、感謝の気持ちを表したいときは、お中元・お歳暮ではなく、お礼として臨時的に贈る形をとろう。

■ **仕事関係には勝手に贈らない**

も個人的にお中元・お歳暮を贈りたい場合もあるかもしれない。毎年恒例で贈っている相手ではない場合、送り状にお世話になったことのお礼などを書き、相手に理由が伝わるようにしよう。

■ **自分のお金で個人的に送る場合**

親戚や恩師に贈る場合のほかは、仕事関係でも、どうしても個人的にお中元・お歳暮を贈りたい場合もあるかもしれない。

A 文例 お中元の送り状としての ハガキ

これは部署名で送った例だが、会社として贈る場合には、差出人は社長名にすることも多い。

謹啓　盛夏の候。貴社におかれましては、ますますご隆昌のこと、お喜び申し上げます。
平素は、ひとかたならぬお引き立てを賜り、厚く御礼申し上げます。
つきましては、本日、お中元のしるしとして、心ばかりの品をお送り致しました。ご笑納いただけましたら、幸いでございます。
今後とも、倍旧のご厚誼を賜りますよう、よろしくお願い申し上げます。

謹白

平成〇年七月

□□□□株式会社　第一事業部営業課　一同

贈る時期
お中元 7月上旬〜15日ごろ
お歳暮 12月上旬〜20日ごろ

B 文例 個人的に贈る 送り状

仕事で助けてもらった人へ、感謝の気持ちを込めて、個人的にお歳暮を贈るケース。

拝啓　年もおしせまり、お忙しくお過ごしのことと拝察致します。
　先日は、〇〇の件で、たいへんお世話になり、ありがとうございました。私が至らぬばかりに、多々ご迷惑をおかけしてしまいました。〇〇が無事に完成しましたのも、何より河田様のお力添えの賜物と、心から感謝致しております。
　失礼かと存じましたが、私からのお礼とお詫びのしるしに、ささやかな品をお送り致しました。お口に合いましたら、幸甚でございます。
　これにこりず、今後ともご指導くださいますよう、よろしくお願い申し上げます。

敬具

株式会社□□　営業企画部営業課
原町ゆかり

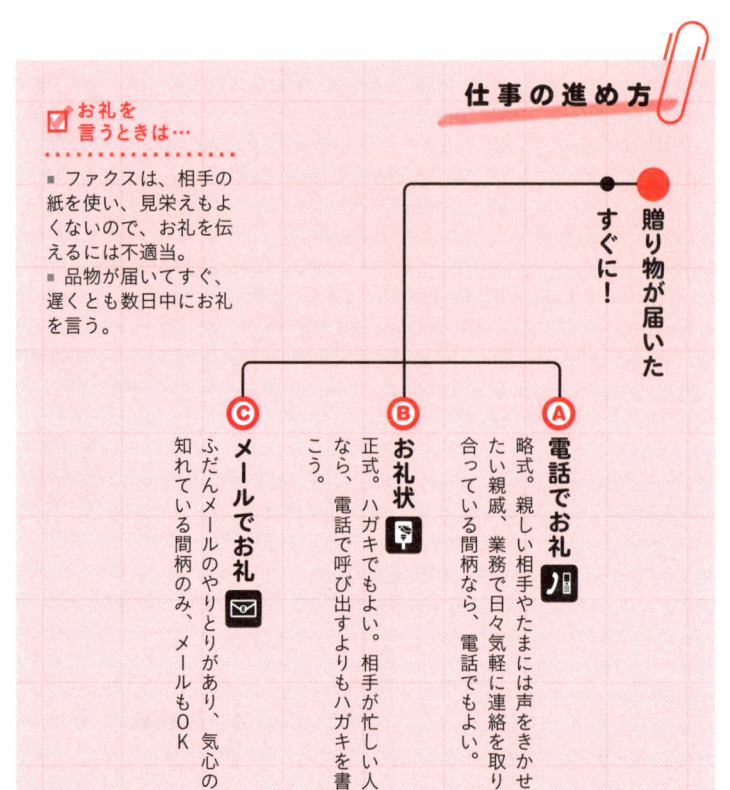

03 応用動作 お中元・お歳暮のお礼を言う

いただき物をしたときは、すぐにお礼を言うのが基本。最近は、電話でさらっと言うことも。

仕事の進め方

贈り物が届いた　すぐに！

☑ **お礼を言うときは…**
- ファクスは、相手の紙を使い、見栄えもよくないので、お礼を伝えるには不適当。
- 品物が届いてすぐ、遅くとも数日中にお礼を言う。

Ⓐ 電話でお礼 📞
略式。親しい相手やたまには声をきかせたい親戚、業務で日々気軽に連絡を取り合っている間柄なら、電話でもよい。

Ⓑ お礼状 ✉
正式。ハガキでもよい。相手が忙しい人なら、電話で呼び出すよりもハガキを書こう。

Ⓒ メールでお礼 ✉
ふだんメールのやりとりがあり、気心の知れている間柄のみ、メールもOK

Ⓐ いただき物のお礼の 電話 📞

■ 電話をかける前に…
会社あてや部署あてであれば、管理職がお礼を言う。

便利フレーズ

■ **恒例の贈答の場合**
「今ほど、たいへんな結構なものをちょうだい致しました。ありがとうございました。お心遣いに恐縮しております」

■ **思いがけない相手からの場合**
「結構なお品をお送りいただきまして、ありがとうございました。こちらこそ、お世話になっておりますのに、恐縮です」

■ **今後は遠慮したいとき（目上には不可）**
「…かえって恐縮でございますので、今後はどうか、このようなお気づかいはいただきませんよう、お願い致します」

B お歳暮へのお礼のハガキ 文例

謹啓　師走の候、貴社におかれましてはますますご清栄のこととお喜び申し上げます。
このたびは、たいへん結構なものをお送りいただきまして、誠にありがとうございました。お心づかいに、心より感謝申し上げます。
来年も、新企画完成を目指し、邁進してまいりますので、ご指導ご支援を賜りますよう、お願い申し上げます。
末筆になりましたが、貴社のますますのご発展と、皆様のご多幸をお祈り申し上げます。

謹白

平成〇年十二月

□□株式会社　開発部企画課　花山美代子

書き方バリエーション

- たいへん美味なものを頂戴いたしまして、ありがとうございました。
- 結構なお歳暮の品をご恵贈賜りまして、心より御礼申し上げます。
- 過分なご芳志に恐縮致しております。
- （今後は断りたいとき。ただし目上には不可）せっかくのご配慮をいただきながら恐縮ではございますが、どうか今後このようなお気づかいはされませんよう、お願い致します。

C お中元へのお礼のメール 文例

□□の山本です。

本日、素敵なお中元をいただきました。
お心づかいをいただき、たいへん恐縮しております。
ありがとうございました。

〇〇の工程もようやく半ばとなりました。
今後とも、どうかよろしくお願い申し上げます。
とり急ぎ、御礼まで。

□□株式会社　制作部　進藤陽子
電話　00-0000-0000　FAX　00-0000-0000
shindo@kakukaku.co.jp

> 気心の知れた相手ならメールでもよいが、どちらかというと電話で声を聞かせてお礼を言うほうがていねい。

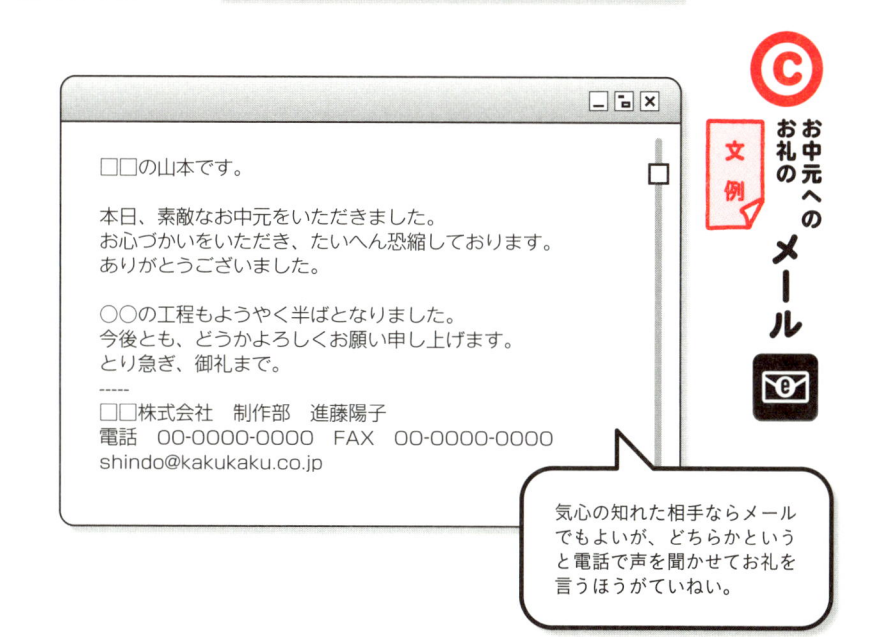

おつき合いを広げる応用動作

応用動作

04 季節のご挨拶をする

季節の節目の挨拶を、「形式的」とやめてしまう人もいますが、営業・PRのチャンスにするのも手です。

仕事の進め方

年賀状 Ⓐ Ⓑ・暑中見舞い Ⓒ Ⓓ を出す
喪中の人は年賀状欠礼の挨拶を Ⓕ

↓

宛先のリスト作成
名簿・宛名ラベルリストを利用したり、昨年の年賀状を分類・取捨選択してリスト代わりにしてもよい。

↓

文面作成
必要に応じて、仕事関係、親戚、友人などに分けて文面を作成する。

↓

印刷

↓

宛名書き
★宛名もハガキに直接、毛筆体で印字できるようになり便利になったが、すべて印刷では味気ないので、アピールしたい相手には、手書きのコメントを。Ⓑ

☑ 出していない人から年賀状・暑中見舞いが届いたら

さりげなく、こちらからも出す。遅れた言い訳は不要。特に目上の人に「年賀状ありがとうございました」などと書くのは、かえって失礼にあたる。時期が過ぎてしまったら、「寒中見舞い」「残暑見舞い」を出そう。（左ページ参照）

☑ 誰に何のために出すのか…

最近は、年賀状や暑中見舞いを出さない方針の人も増えているが、特に用事がなくても、年に一回出せる年賀状は、考えようによっては便利なもの。

① 会う機会のない親戚や恩師、友人への安否情報や近況報告
② ふだん顔を合わせていても、面と向かっては言いにくい感謝などを伝えるいいチャンス
③ 大事な取引先に礼をつくしたり、存在をアピールしたり、営業活動などに活用できる。

出す人、出さない人の範囲は、ある程度一貫性をもたせること。たとえば、同じ課でいっしょに仕事をしているメンバーに出す人と出さない人がいるというのは避けたい。

季節のご挨拶の時期と表現

季節のご挨拶	届ける時期	こんな場合に…	
欠礼のご挨拶	11月中旬～12月初旬	喪中で欠礼する（身内に不幸があって年賀状を出さないなど）ことを知らせるハガキ	Ⓒ
年賀状	1月1日～1月7日（松の内）	旧年中に身内に不幸があった人には出してはいけない	Ⓐ
寒中見舞い	1月5日～2月4日（寒の入り～立春）ごろ	年賀状が松の内に間に合わなかったり、喪中を知らず年賀状をくれた相手に…	Ⓒ
暑中見舞い	7月中旬～8月8日（梅雨明け～立秋）ごろ	お中元の送り状を兼ねることも多い	Ⓓ
残暑見舞い	8月9日以降	暑中見舞いの時期を過ぎてしまったら…	

☑ **欠礼の挨拶はどこまで？** 会社や課でつくっている（会社住所の）年賀状の送り先には、欠礼の挨拶は不要。仕事関係でも、個人名の年賀状を毎年やりとりしている相手には出しておく。

Ⓐ 文例 年賀状

新春のお慶びを申し上げます

旧年中は、ひとかたならぬご厚情を賜り、誠にありがとうございました。お陰さまで、○○プロジェクトも順調に伸展し、大きな成果を手に、新しい年を迎えることができました。

本年も、より質の高いサービスの提供を目指し、努力してまいりますので、どうぞご指導ご鞭撻くださいますよう、よろしくお願い申し上げます。

平成○年・元旦

□□□株式会社　営業部企画課
藤崎　裕子

☑ **賀詞のバリエーション**

- 明けましておめでとうございます
- 謹賀新年
- 恭賀新年
- 謹んで新春のお慶びを申し上げます

- 「賀正」「迎春」「頌春」などは、目下への賀詞といわれているが、現在は広く使われている。
- 1月2日以降に投函する年賀状には「元旦」の文字は入れない。
- 住所変更・結婚などの通知は書いてもよいが、訃報や病気・災害（不祝儀）の知らせは年賀状には入れない。

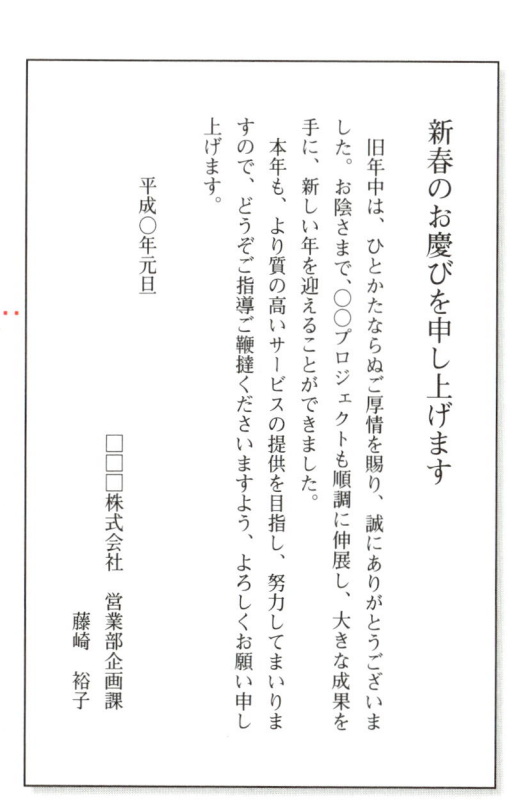

04 季節のご挨拶をする

B 文例 年賀状

手書きで添えるひとことの例

プライベートな知人に
- ご活躍のことと思います。また、○○で美味しいお酒を飲みましょう。
- ご家族でにぎやかなお正月をお迎えのことと思います。皆様のご多幸をお祈り申し上げます。

取引先の担当者などに
- いろいろ至らぬ点があるかと存じますが、今年もどうかご指導のほどよろしくお願い申し上げます。

上司や先輩に
- いつもさりげなくフォローをしていただき、感謝しております。
- いろいろとご迷惑をおかけしております。温かいご指導に感謝しております。
- 今年は、先輩のようにスマートな営業ができるように頑張りたいと思います。
- 今年こそ自分で企画書を書けるように頑張りたいと思います！

その他
- ますますのご活躍をお祈りしております！
- 今年が躍進の年になりますように！

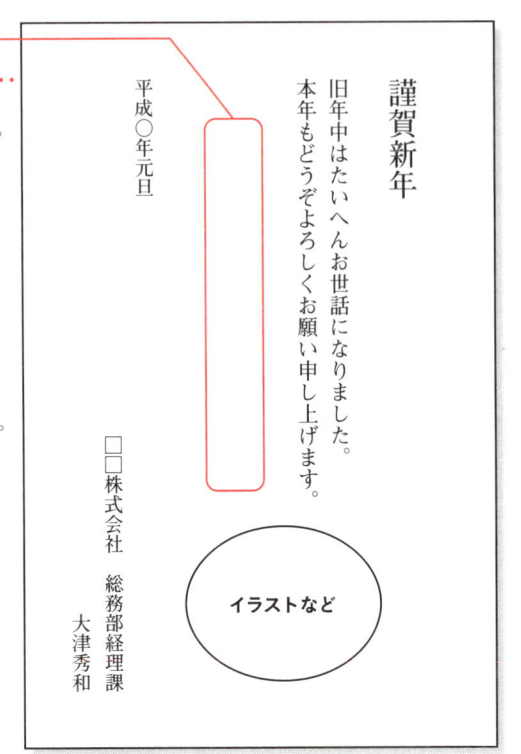

謹賀新年

旧年中はたいへんお世話になりました。本年もどうぞよろしくお願い申し上げます。

平成○年元旦

□□株式会社　総務部経理課　大津秀和

イラストなど

年始の訪問・電話 便利フレーズ

挨拶の決まり文句
「明けましておめでとうございます。本年も、どうかよろしくお願い致します」
「明けましておめでとうございます。昨年に引き続き、今年もどうぞよろしくお願い致します」

挨拶を受けて
「おめでとうございます。こちらこそ、どうぞよろしくお願い致します」

C 喪中のときのご挨拶

文例

喪中につき、年末年始のご挨拶を控えさせていただきます。

○月○日、母・安子が永眠致しました。平素のご芳情に心より感謝申し上げますとともに、明年も変わらぬご厚誼を賜りますよう、お願い申し上げます。

平成○年

〒一五四-○○○一　世田谷区池尻○-○-○

菅原　直樹
　　　　陽子

寒中お見舞い申し上げます

ごていねいなお年賀状をいただき、ありがとうございました。昨年八月に母・安子が他界しましたため、年末年始のご挨拶を控えさせていただきました。お知らせが遅れましたことをお詫び申し上げます。

この一年の皆様のご多幸をお祈り申し上げます。

時節柄、十分にご自愛ください。

〒一五四-○○○一　世田谷区池尻○-○-○

菅原　直樹
　　　　陽子

D 暑中見舞い

文例

暑中お見舞い申し上げます

先生におかれましては、ますますご健勝のこととお喜び申し上げます。

日ごろは、弊社事業にご支援ご指導をいただきまして、誠にありがとうございます。ささやかではございますが、お礼のしるしとして、心ばかりの品を別送させていただきました。お口に合いましたら、幸いに存じます。

今後とも、倍旧のご厚誼を賜りますよう、お願い申し上げます。

時節柄、ご自愛のほどお祈り申し上げます。

□□株式会社

☑ **メールで季節のご挨拶をしてもよいか？**

- 仕事関係では、余計なメールは出さないのがマナー。メールの普及で、毎朝1時間以上、メール処理に費やすという人も増えている。このうえ、年始や夏休み前に、挨拶メールが飛び交うようなことは避けたい。プライベートでも、相手のメール事情を思いやること。季節のご挨拶は、相手に一番負担の少ないハガキが最適。

おつき合いを広げる応用動作

05 応用動作 異動の挨拶をする

ある日突然の辞令。引き継ぎで忙しくなりますが、忘れてはならないのが、関係者への挨拶です。

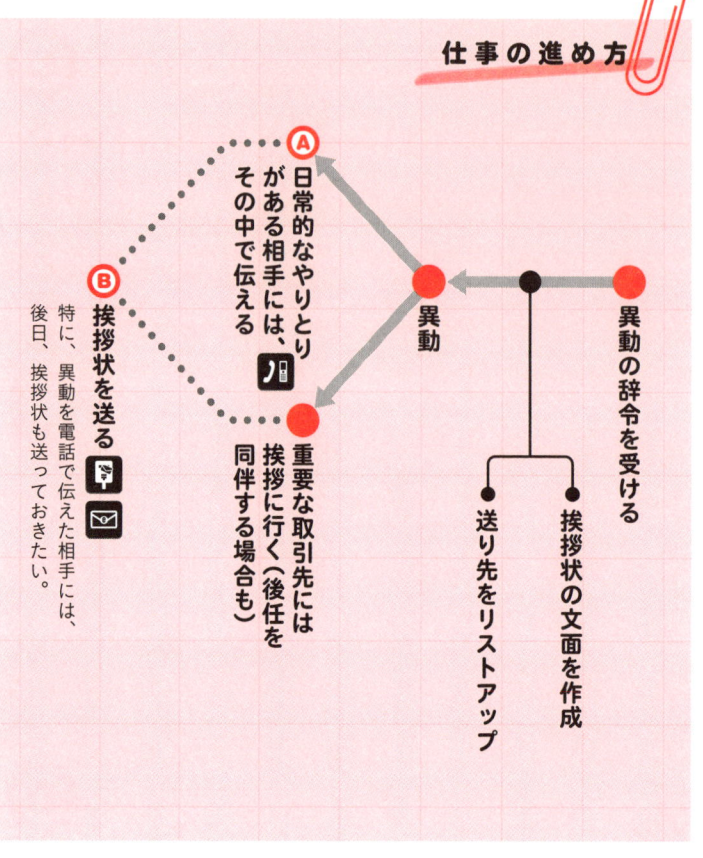

仕事の進め方

- 異動の辞令を受ける
  - 挨拶状の文面を作成
  - 送り先をリストアップ
- 異動
  - Ⓐ 日常的なやりとりがある相手には、その中で伝える 📞
  - 重要な取引先には挨拶に行く(後任を同伴する場合も)
  - Ⓑ 挨拶状を送る ✉️
    特に、異動を電話で伝えた相手には、後日、挨拶状も送っておきたい。

Ⓐ 異動の挨拶をする 電話 📞

便利フレーズ

電話をかける前に…
- 相手との関係に応じたお礼の言葉を考えておく。
- 後任者や引き継ぎについて、伝えられることがあれば、伝え方を考えておく。

■ **とりあえず簡単に**

「実はこのたび、4月1日をもちまして、○○課に異動することになりまして、電話で失礼ではございますが、ご連絡させていただきました。これまで、いろいろとお世話になりまして、本当にありがとうございました。改めて後任がご挨拶申し上げることになるかと思いますがそのときはまた、よろしくお願い致します」

■ **後任を連れて挨拶に**

B 異動の挨拶のハガキ

文例

拝啓　春暖の候、ますますご健勝のこととお慶び申し上げます。

さて、私こと九月一日をもちまして、食品事業部第一営業課から飲料事業部営業課に異動致しました。食品事業部在籍中は、格別のご厚情を賜り、誠にありがとうございました。心より御礼申し上げます。

これより、弊社の新しい事業分野を担当することになり、一から勉強しなおすつもりで、張り切っております。

今後とも、ご指導ご鞭撻を賜りますよう、お願い申し上げます。

まずは御礼かたがたご挨拶まで申し上げます。

謹白

平成○年九月

〒一〇二-〇〇〇〇
東京都千代田区○○○一-二-三
□□株式会社　飲料事業部営業課
定岡良一
電話　○○-○○○○○-○○○○

Point

- 異動の挨拶状は、誰もが出すわけではないが、管理職や営業職のほか、人脈が重要な仕事の場合は、積極的に出しておきたい。
- 右のような挨拶状は、「お世話になりました」という個人的な挨拶の色彩が強いので、個人向けの前文（「ご健勝」や「ご清祥」をつかう）で書いている。※より堅い書き方は、次ページ参照。

「実は私、9月1日をもちまして、異動することになりました。○○様には、たいへんお世話になりました。本当にありがとうございました。それで、お忙しいこととは存じますが、後任の紹介もさせていただきたく、近々、ご挨拶にうかがいたいのですが、ご都合はいかがでしょうか」

■ **相手に迷惑をかけるとき**

「…ちょうど○○がこれからというときに、本当に申し訳ありません。私自身、張り切っておりましたので心残りなのですが、後任の者にしっかり引き継ぎをして、ご迷惑がかからないようにしたいと思いますので、どうかよろしくお願い致します」

■ **後任について伝える**

「…後任は、近藤という男性ですが、営業課で3年目の中堅として頑張っておりますので、なんなりとお申し付けいただければと思います。改めて本人からご連絡をさせていただきますので、また、よろしくお願い申し上げます」

おつき合いを広げる応用動作

05 異動の挨拶をする

B 異動の挨拶の手紙 文例

拝啓　時下、貴社におかれましては、ますますご清栄のこととお慶び申し上げます。
　さて、私こと、○月○日をもちまして、仙台支社営業部勤務を命じられました。
　大阪支社在任中は、格別のご高配を賜り、誠にありがとうございました。厚く御礼申し上げます。
　大阪の地は離れますが、今後とも変わらぬご厚誼をいただけましたら幸甚に存じます。
　なお、私の後任として、山田直人が貴社を担当させていただくことになっております。私同様、お引き立てを賜りますよう、あわせてお願い申し上げます。
　略儀ながら、書面にてご挨拶まで申し上げます。
敬具

平成○年○月

△△株式会社仙台支社営業部第一営業課
井上良太

電話　00-0000-0000　FAX　00-0000-0000
＊メールアドレスは変更ありません。

Point
「対会社」的な挨拶状にする場合は、前文の挨拶も、会社向けのものにする。
幹部の異動の場合は、白カードなどで、フォーマルな通知状を作成する。

B 異動の挨拶のハガキ 文例

拝啓　初秋の候、貴社におかれましては、ますますご隆昌のこととお慶び申し上げます。
　さて、私こと、○月○日をもちまして、本店法人営業部勤務を命じられました。名古屋支店在任中は、公私ともに、ひとかたならぬご厚情を賜り、誠にありがとうございました。厚く御礼申し上げます。
　名古屋の地を離れますが、今後とも倍旧のご指導ご鞭撻を賜りますよう、お願い申し上げます。
敬具

平成○年○月

△△銀行本店法人営業部第一課
三島壮一

電話　○○-○○○○-○○○○　FAX　○○-○○○○-○○○○

Point
ハガキに縦書きの場合、「さて、私こと」を行末にもってきて、謙譲の気持ちを表すことも、ビジネス文書の伝統的な表現方法。

B 異動を知らせるメール

文例

```
□□の金井です。
いつもお世話になっております。

突然ですが、私は、この4月1日をもちまして、第一制作
部から企画部に異動いたしました。

第一制作部では、たくさんのご指導ご支援をいただきま
したこと、深く感謝し、心より御礼申し上げます。

制作現場から離れることになりましたが、今後も、皆様
から学ばせていただいたことを力に、新しい分野で、い
い仕事ができるよう、力いっぱい努力していきたいと思
っております。

今後とも、ご指導ご鞭撻くださいますよう、よろしくお
願い申し上げます。

-----
株式会社　□□　企画部管理下　金井尚子
電話　00-0000-0000　FAX　00-0000-0000
＊住所・メールアドレスは変更ありません。
```

> 複数に同じ文面を送る場合、宛名欄にアドレスを列挙するのはマナー違反。お互いのアドレスがわかってしまう。メールソフトのアドレス帳のグループ送信機能を利用するとよい。

メールの挨拶でもいい?

異動の挨拶は、ハガキや手紙などの文書で送るのが基本とされていたが、担当者同士や、若手同士であれば、メールで異動を知らせるのも、失礼ではなくなってきている。

ただし、相手が大切な取引先で、その担当者が異動するような場合、管理職が異動するような場合は、右ページのようなフォーマル度の高い挨拶状のほうが適切。

仕事の世界は意外に狭く、一度離れた人とも、またどこかでいっしょに仕事をすることになるかもしれないので、挨拶はしっかりしておくべき。

企画関係などの個人の人脈が大切な仕事では、異動の挨拶をアピールの機会と考えて、文面に実績や意欲を書き込んで送ろう。

06 応用動作

転居・結婚を知らせる

どちらも私事（わたくしごと）ですが、親戚・友人のほか、社内の身近な人には送っておきましょう。

仕事の進め方

転居・結婚
★スケジュールの合間を見て、転居・結婚後一カ月以内に発送できるように準備する。

↓

宛先のリスト作成

↓

文面作成 Ⓐ
★写真屋、印刷屋の既成のデザインで発注するか、パソコンで自作する。仕事関係、親戚、友人など、さまざまな関係者に出せるように、凝りすぎず、すっきりした内容で作る。

↓

印刷

↓

宛名書き

↓

発送・発信

Ⓐ 文例　転居を知らせるメール

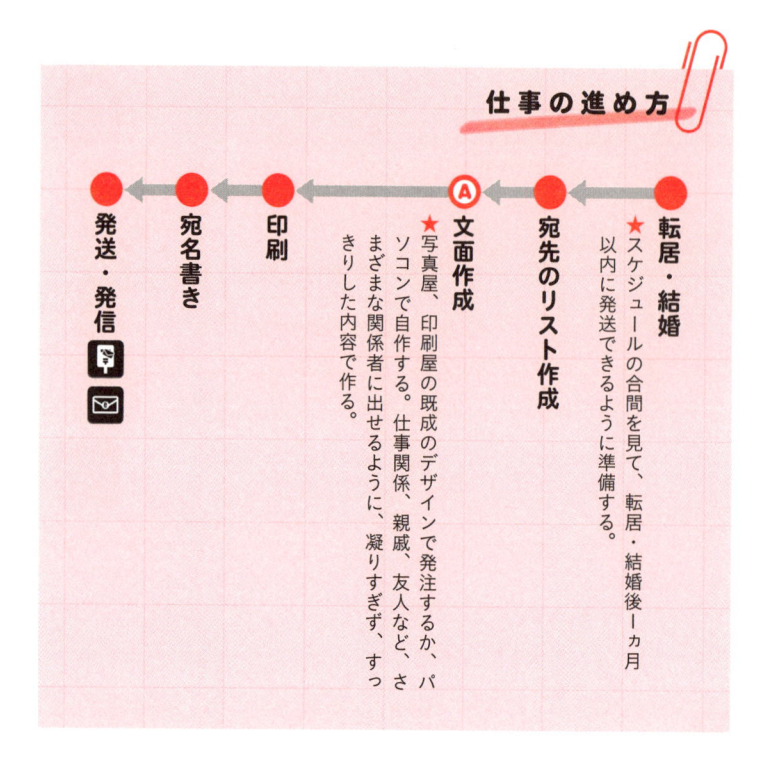

```
矢野　ひかりです。
桜のたよりが聞こえてくる季節となりましたが、お変
わりなくお過ごしでしょうか。

私は、3月15日、住み慣れた杉並から世田谷へ引っ越
しました。住所が次のとおり変更になりましたので、
失礼ながら、メールにてお知らせいたします。電話番
号の変更はありません。

154-0000　世田谷区世田谷〇-〇-〇

今後とも、なにとぞよろしくお願い致します。
-----
矢野ひかり hikari@abcd.ne.jp
```

> 転居や結婚などの挨拶は、ハガキで出すのが基本。ただし、メールでのやりとりが多く、気心の知れた相手であれば、このような転居通知も悪くない。メールを同報する場合のマナーに注意すること（120ページ参照）。

A 転居の挨拶のハガキ 文例

転居のお知らせ

拝啓　初夏の候、ますますご健勝のこととお喜び申し上げます。
　このたび、住み慣れた立川を離れ、下記に転居いたしました。
　池袋から2駅目の地下鉄有楽町線・千川駅から徒歩8分の便利な場所ですので、近くにおいでの節は、ぜひお立ち寄りください。
　都心に近くなり、公私ともに、ますますフットワークが軽くなりそうです。
　今後とも、よろしくお願い致します。

敬具

平成○年○月○日

新住所　171-0000　豊島区千川○-○-○
　　　　　　　　　　　　　上島一俊
　　　　　電話　00-0000-0000

✓ もっとカタい文面

　このたび、下記に転居致しましたので、お知らせ申し上げます。
　お近くにお越しの節は、ぜひお立ち寄りください。
　末筆ながら皆様のご健康をお祈り申し上げます。

A 結婚の挨拶のハガキ 文例

結婚しました

拝啓　若葉まぶしい季節となりましたが、ますますご清祥のこととお喜び申し上げます。
　私たちは○月○日、結婚式を挙げ、ふたりで新しい生活をスタートしました。
　未熟な私たちですが、力を合わせて、あたたかい家庭をつくっていきたいと思っております。下記に、ささやかな新居をかまえましたので、お近くにおいでの節はお立ち寄りください。
　今後とも、ご指導ご支援くださいますよう、よろしくお願い申し上げます。

敬具

平成○年○月○日

新住所　186-0000　国立市北○-○-○
　　　　　　　　　　　　小林　信介
　　　　　　　　　　　　　　由紀子
　　　　　電話　00-0000-0000

✓ もっとカタい文面

　このたび、私どもは、大木夫妻のご媒酌により、○月○日に結婚致しました。今後は、ふたり心を合わせて、明るい家庭を築いてまいりたいと考えております。なにぶん未熟なふたりでございますので、皆様のご指導ご助力を賜りたく、お願い申し上げます。

> 親しい相手には、手書きでひとことコメントを入れると喜ばれる

おつき合いを広げる応用動作

07 応用動作 結婚・出産を祝う

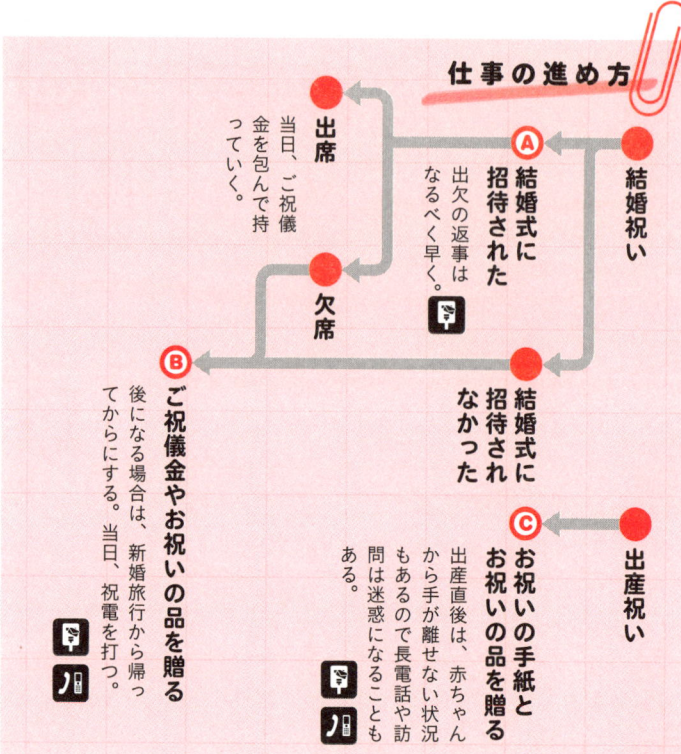

個人的な祝いごとに、いっしょに喜ぶ気持ちを伝えたいとき、どんな方法があるのでしょう。

仕事の進め方

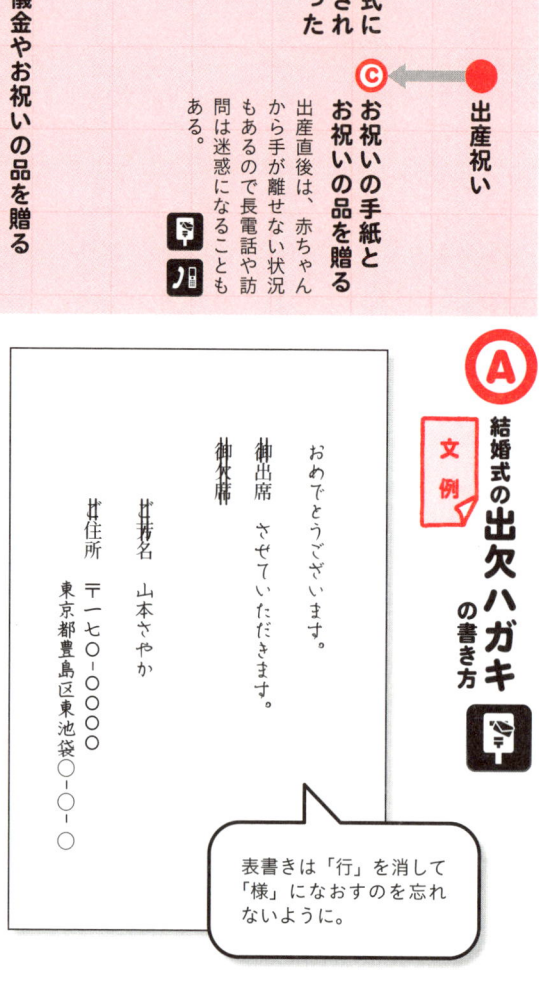

結婚祝い
- Ⓐ 結婚式に招待された
  - 出欠の返事はなるべく早く。
  - 出席 → 当日、ご祝儀金を包んで持っていく。
  - 欠席
- 結婚式に招待されなかった
  - Ⓑ ご祝儀金やお祝いの品を贈る
    - 後になる場合は、新婚旅行から帰ってからにする。当日、祝電を打つ。

出産祝い
- Ⓒ お祝いの手紙とお祝いの品を贈る
  - 出産直後は、赤ちゃんから手が離せない状況もあるので長電話や訪問は迷惑になることもある。

Ⓐ 結婚式の出欠ハガキの書き方【文例】

おめでとうございます。
御出席 させていただきます。
御欠席

御芳名 山本さやか
御住所 〒170-0000
東京都豊島区東池袋○-○-○

> 表書きは「行」を消して「様」になおすのを忘れないように。

B 課の仲間でお祝いを贈るときの**お祝い状**

文例

ご結婚おめでとうございます。

電撃発表に驚きましたが、本当にお幸せそうで、私たちもウキウキ、幸せのおすそ分けをいただきました。

ご旅行から帰られるころに届くよう、気持ちばかりのお祝いを送らせていただきました。ご新居でお使いいただけると幸いです。

これからは、仕事に家庭にと、ますますお忙しくご活躍されることと思いますが、とにかくご健康第一とし、おふたりで力を合わせて、幸せいっぱいのご家庭を築かれますよう、一同、心からお祈りしております。

販売課　一同

> 喜びの気持ちに素直に共感したいときは、時候の挨拶などは入れず、冒頭からお祝いの言葉で始めるとよい。

☑ 結婚式にまつわるマナー

□ 招待されたら、なるべく早く返信する。

□ 結婚式には万難を排して出席するのが礼儀だが、やむなく欠席する場合は、封書で欠席のお詫びとお祝いの言葉を書き、ハガキを同封して返送するのが、もっともていねい。そこまでしない場合は、ハガキに「どうしても出席できず、とても残念です。末永くご多幸をお祈りしております」などと書き添える。

□ 身内の葬儀などの弔事は、慶事に優先させる。突然の不幸があって、直前に欠席を知らせる場合は、喜びに水をささないように、「やむをえない事情で」とぼかして伝えるのが礼儀とされる。

□ お祝いのプレゼントは、親しい相手であれば、具体的に何が欲しいか聞いたほうが、重複する心配がない。

□ ご祝儀金の額は、先方との関係や、自分の年齢による。職場の関係であれば2〜3万円程度が標準的。欠席する場合は、1万円程度。新札で用意しよう。

□ 偶数を「割れる数」として嫌う人もいるので、2万円の場合は、1万円札と5千円札2枚にする。

07 結婚・出産を祝う

B 目上の方の子どもの結婚を祝う お祝い状

文例

このたびは、お嬢様のご結婚がお決まりになったとのこと、おめでとうございます。ご家族の皆様のお喜びもひとしおのことと、心よりお祝い申し上げます。

晴れの日まで、あわただしく、また、万感の思いでお過ごしになるのではないかと拝察しております。

失礼かと存じましたが、お嬢様にお祝いのお気持ちをお伝えしたく、ささやかなものを別送させていただきました。お使いいただけると、たいへん幸いでございます。

末筆となりましたが、お二人の末長いご多幸をお祈り申し上げます。

本林深雪

Point

「失礼かと存じましたが」は、上司の娘の結婚など、少し遠い関係である場合に、「僭越ですが」という意味をこめたいときの書き方。

B C 電話で結婚・出産を聞かされたときの 便利フレーズ

■ こんなときは…
結婚や出産のお祝いは、忙しい相手への負担を考えて、手紙にするのが基本。しかし、もしも、仕事の電話などで、突然聞かされたら…。

■ **結婚すると告げられて**
「おめでとうございます！ お式はいつですか？ いろいろお忙しいですね（など、よもやま話）。こんなときに、仕事の話で恐縮ですが…」

■ **子どもが生まれたと聞かされて**
「それはそれは！ おめでとうございます。（男女）どちらですか？ 楽しみですね…」

産休中の仕事関係者に出産のお祝い状

文例

ご出産、おめでとうございます。

大きなお腹で、○○の仕事をしていただき、お疲れにならなかったかと心配しておりましたが、ご無事のご出産を聞き、わがことのようにうれしく、感動しております。

産後は養生が大事と言われております。どうかお体を第一になさってください。

これから一年間の育児休業をとられるとうかがっておりますが、じっくり子育てに専念され、復帰される日をお待ちしております。気持ちばかりのお祝いの品を別送させていただきますので、ご笑納ください。

とり急ぎ、書中にて、お祝い申し上げます。

△△株式会社営業部　大山　仁

Point
出産直後は、心身ともに調子が狂いやすい時期なので、産婦に出す場合は、いたわりの言葉を忘れずに。仕事の詳細なことなどは、書かないほうがよい。

☑ お祝いフレーズのいろいろ

■ 9月にご結婚されるとのこと、おめでとうございます。心よりお祝い申し上げます。

■ ご結婚のお知らせありがとうございました。心からお祝い申し上げます。

■ おめでとうございます。お二人を近くで見てきた私としては、自分のことのようにうれしくお祝い申し上げます。

■ このたび、ご子息のご婚約がととのい、華燭の典をお挙げになるとのこと、自分のことのようにうれしく、心からお祝い申し上げます。

■ さて、このたび、ご子息光司様には、めでたく華燭の典を挙げられる由、誠におめでとうございます。

■ 赤ちゃん、ご誕生おめでとうございます。

■ 無事のご出産、心よりお祝い申し上げます。

■ ご出産おめでとうございます。母子ともに順調とお聞きし、ほっとしております。

■ 無事ご出産のお知らせをいただき、課のみんなで拍手をしました、本当に、おめでとうございます。

応用動作

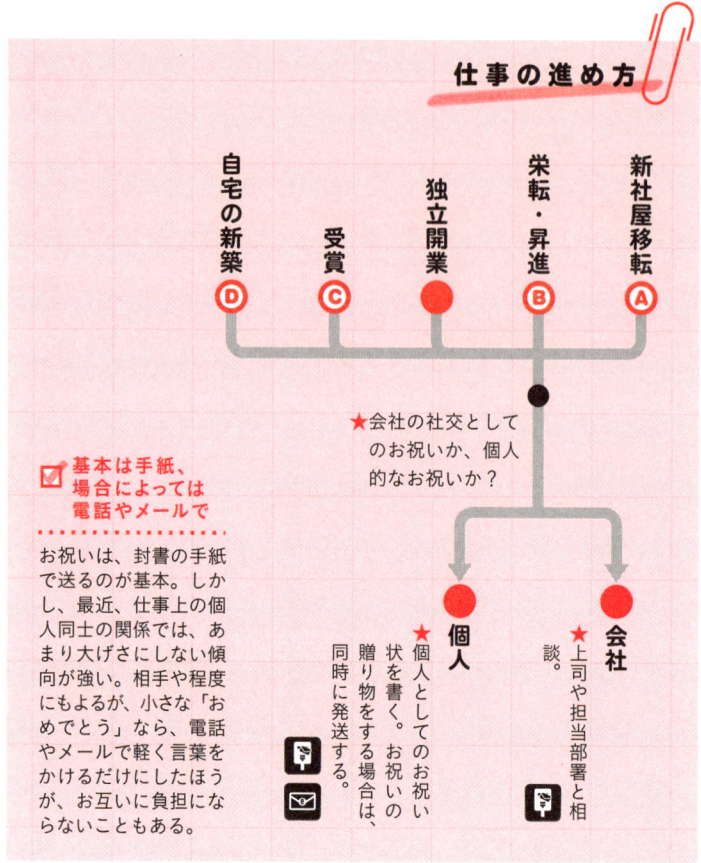

08 その他のお祝いを言う

公私ともに、大切な人たちの門出には、ぜひ気の利いたお祝いの言葉をかけましょう。

仕事の進め方

- Ⓐ 新社屋移転
- Ⓑ 栄転・昇進
- ● 独立開業
- Ⓒ 受賞
- Ⓓ 自宅の新築

★会社の社交としてのお祝いか、個人的なお祝いか？

→ 会社
★上司や担当部署と相談。

→ 個人
★個人としてのお祝い状を書く。お祝いの贈り物をする場合は、同時に発送する。

☑ **基本は手紙、場合によっては電話やメールで**

お祝いは、封書の手紙で送るのが基本。しかし、最近、仕事上の個人同士の関係では、あまり大げさにしない傾向が強い。相手や程度にもよるが、小さな「おめでとう」なら、電話やメールで軽く言葉をかけるだけにしたほうが、お互いに負担にならないこともある。

便利フレーズ

☑ **軽くお祝いを言う 電話**

■ **慶事があった取引先の担当者と、直接に連絡をとるときの冒頭に…**
「このたびは、新社屋へのご移転、おめでとうございます。もう落ち着かれましたか？」

■ **昇進した取引先の担当者に…**
「ご昇進おめでとうございます。また、いろいろとお世話になりますが、どうかよろしくお願い致します」

■ **独立開業した人に**
「ご開業おめでとうございます！ いよいよですね。新宿にオフィスとは、さすがです。やはり、○○を手がけて行かれるのですか？ また、お仕事をごいっしょ

A 文例 担当課として新社屋を祝うお祝い状

拝啓　若葉まぶしい折、ますますご清栄のこととお喜び申し上げます。

このたびは、新社屋へのご移転、誠におめでとうございます。

都心にありながら緑が多く、素晴らしい立地とうかがっております。新しい環境もまた、貴社のさらなる事業発展の力となることと存じ上げます。

営業課一同のお祝いの気持ちを込めまして、ささやかなものを別送させていただきました。ご笑納ください。

末筆となりましたが、貴社の今後ますますのご躍進をお祈り申し上げます。

　　　　　　□□株式会社　営業部営業課

Point
周年記念、新社屋移転など、事業の節目となる慶事の場合、会社として社長名でお祝い状を出すのが一般的。左は日々おつきあいのある担当課同士で、祝い合う場面の文面。

社長名のお祝い状なら

拝啓　新緑の候、貴社におかれましては、ますますご隆昌のこととお喜び申し上げます。

このたびは、新社屋へのご移転、誠におめでとうございます。貴社のたゆみないご発展のしるしと、心よりお祝い申し上げますとともに、今後の貴社のますますのご躍進をお祈り申し上げます。

まずは略儀ながら、書中にてお祝いまで申し上げます。

　　　□□株式会社
　　　取締役社長　小山　一郎

■ 取引先が賞を受賞した

「新聞で拝見しました。○○○優良企業賞を受賞されたのですね。おめでとうございます。御社のお取り組みは、以前から素晴らしいと思っておりましたので、たいへんうれしく拝見いたしました。本当におめでとうございます」

「…させていただけるようですと、うれしいです。今度、ぜひオフィスへうかがわせてください」

08 その他のお祝いを言う

B 栄転した取引先担当者へのお祝い状【文例】

拝復　陽春の候、ますますご健勝のこととお喜び申し上げます。
このたびは、名古屋支店長にご栄転とのこと、誠におめでとうございます。心からお祝い申し上げます。
大阪支社ご在任中は、ひとかたならぬご厚誼、ご指導を賜りまして、誠にありがとうございました。
ご新任地では、早速お忙しい毎日を送られていることと存じますが、お体には十分にご留意ください。
新天地でのいっそうのご活躍をお祈りしております。
とり急ぎ、書中にて、お祝いまで。

敬具

平成〇年〇月

△△株式会社大阪支社営業部第一営業課
大平裕子

☑ **もう少しやわらかく**
大阪支社ご在任中は、本当にお世話になりました。いろいろご指導いただきましたこと、心より感謝致しております。

C 受賞を祝うメール【文例】

□□の篠塚です。

〇〇ノンフィクション大賞のご受賞、おめでとうございます。

長沢さんの目標のひとつが達成されたのですね。
とてもうれしく、心からお祝い致します。

今ごろは、いろいろな連絡の対応に追われておられるかと思いましたが、ひとことお祝いを申し上げたくて、メールをさせていただきました。また、落ち着いてからお目にかかれればと思っております。

お体にお気をつけて。
バンザイ！

株式会社□□出版局編集課　篠塚えり
電話　00-0000-0000　FAX　00-0
shinozuka@kakukaku.co.jp

> 受賞などでは、その後、とても多忙になってしまうことが多いもの。気心が知れた相手なら、メールで気持ちだけ伝えておこう。超多忙になっていそうなときは、「ご多忙のことと思いますので、お返事は不要です」と書き添える。

D 友人の自宅新築を祝う お祝い状

文例

ご新築、おめでとうございます。

長年のご計画が実を結び、木の香りも真新しいご新居に落ち着かれ、ご家族もさぞかしお喜びのことと思います。都心へもずいぶんと便利な駅のようで、これから子どもたちも成長し、進学することなどを考えると、何よりの立地かと思いました。気持ちばかりのお祝いの品を別送しました。どうかご笑納ください。

とり急ぎ、お祝いまで申し上げます。

　　　　　　　　　　敬具

　　　　　　　神田裕一

もっとていねいに

- 待望のご自宅の竣工、心よりお祝い申し上げます。
- かねてよりご新築中のご自宅が完成されたとのこと、誠におめでとうございます。

お祝いフレーズのいろいろ

- このたびは、大宮支店のご開設、誠におめでとうございます。
- このたびは、本社のご移転につきまして、心よりお祝い申し上げます。
- このたびは、貴社晴れて創業25周年を迎えられたとのこと、誠におめでとうございます。
- このたびは、本社販売課長にご昇進されたのこと、心からお祝い申し上げます。
- このたびは、独立開業を果たされたとのこと、誠におめでとうございます。
- このたびは、念願かなって、六本木にご自身の事務所を開業されたとのこと、心よりお祝い申し上げます。
- このたびは、貴社の長年の功績が認められ、○○賞をご受賞されたとのこと、誠におめでとうございます。…このご受賞を礎とし、貴社がますますご発展されますことを心よりお祈り申し上げます。
- 売上第一位達成、おめでとうございます。誠実に品質改善に取り組んでこられた貴社のご努力の成果であり、微力ながらお手伝いをしてまいりました私どもにとっても、最高の喜びでございます。心よりお祝い申し上げます。

おつき合いを広げる応用動作

09 応用動作 お悔やみを言う

突然の不幸の知らせには、言葉を失ってしまうのが自然です。饒舌である必要はありません。

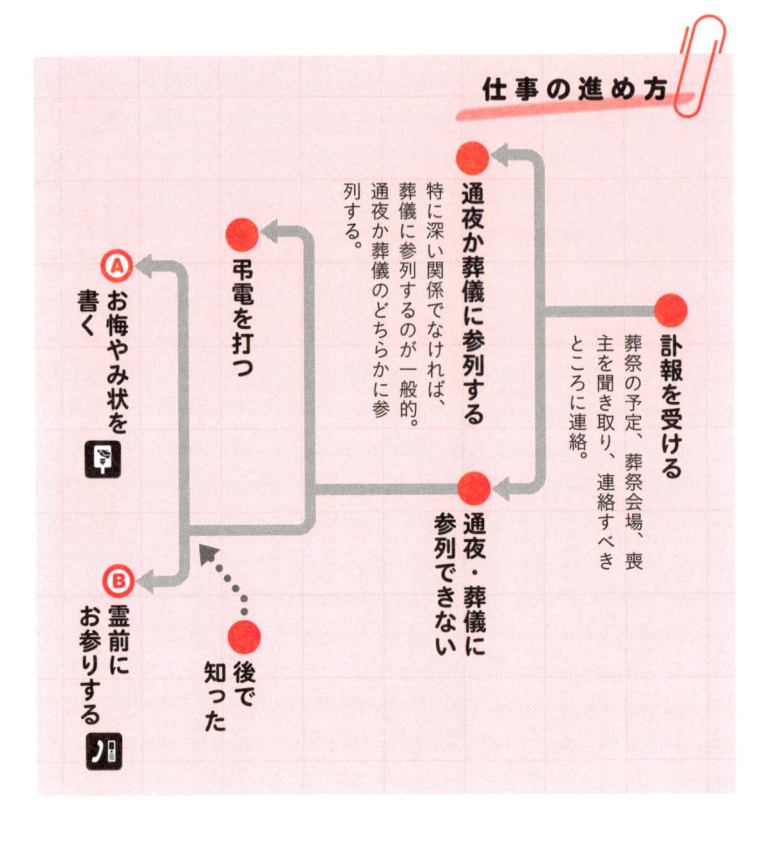

仕事の進め方

- **訃報を受ける**
  葬祭の予定、葬祭会場、喪主を聞き取り、連絡すべきところに連絡。
- **通夜か葬儀に参列する**
  特に深い関係でなければ、葬儀に参列するのが一般的。通夜か葬儀のどちらかに参列する。
  - **弔電を打つ** → Ⓐ **お悔やみ状を書く**
- **通夜・葬儀に参列できない**
  - **後で知った** → Ⓑ **霊前にお参りする**

お悔やみのケース・バイ・ケース

身内の不幸のとき
近親者や身近な知人が亡くなったときは、すぐに駆けつけ、通夜・葬儀の手伝いを申し出る。

社内の人間またはその家族が亡くなったとき
故人の所属部署などが、通夜・葬儀の手伝い(受付、会計、道案内など)をする場合が多い。手伝いに加わったほうがいいのか、参列するだけでよいのか、上司や担当者の指示を受けつつ、同僚とも相談して行動する。社外の関係者に対しては、総務などが葬儀の予定をファクスなどで送り、連絡する。

取引先で不幸があったとき
故人と業務で関係があった場合には、上司に相談した上で、通夜・葬儀のどちらかに参列する。故人が役職者などの場合は、会社としての対応もあるので、上司や担当部署の指示に従う。

「密葬」「家族葬」
広く知らせず、家族やごく近い知人のみで葬儀をやるやり方。葬儀が終わるまで、亡くなったことは伏せるのが原則。

A 後から出す お悔やみ状

文例

お母様ご逝去の訃報に接し、たいへん驚いております。手術後のご経過は順調とうかがい、安心しておりましたのに、ご家族の皆様のご無念を思うと、お慰めする言葉もございません。心からお悔やみ申し上げますとともに、お母様のご冥福をお祈り申し上げます。

なんとしてもご葬儀に参列したかったのですが、帰省して遠方におりましたために、間に合いませんでした。心ばかりのご香料を同封させていただきましたので、ご霊前にお供えいただければと存じます。

いまだ寂しさ深まるばかりかとは存じますが、どうかお疲れが出ませんように、ご自愛くださいますよう、お祈り申し上げます。

平井 郁子

✓ 書き方バリエーション

- このたびは、お母上様のご悲報に接し、心よりお悔やみ申し上げます。
- ご家族の皆様のご心中いかばかりかと存じます。
- すぐにおうかがいしてお悔やみを申し上げたかったのですが、よんどころない事情のため、かないませんでした。

✓ お悔やみで使ってはいけない忌み言葉

- いよいよ／しばしば／再び／たびたび／ますます／また／重ねて／重ね重ね／かえすがえす

B お悔やみにかかわる 電話 の話し方

便利フレーズ

■ 訃報を受けて

＊会社の電話で、突然の訃報を受けたときは、通夜や葬儀の予定、喪主、会場などを粛々と聞き取る。密葬、供物や供花の扱いなど、喪主側の特別な希望があれば、注意して聞く。このような電話には、正直に驚きを伝えるだけにとどめ、お悔やみは、通夜や葬儀で改めて伝えよう。先方から話さなければ、死因など詳しいことを立ち入って聞いてはならない。

「このたびは、突然のことで…、本当に驚きました。遠方におりまして、ご葬儀にもうかがえず、失礼を致しました。もしも、お差し支えがなければ、おうかがいしてお線香を上げさせていただきたいのですが…」

■ 後から知ってお参りをしたい

■ 通夜・葬儀に参列できなかったけれど、お悔やみをしたい場合、近しい関係であれば、落ち着いたころに自宅を訪問してお線香を上げ、香典を渡す（四九日までは「御霊前」）。訪問するのは気が引ける関係であれば、お悔やみ状を添え、現金書留で香典を郵送する。

10 応用動作 お見舞いを言う

入院にしろ、災害にしろ、相手の状況をよく把握して、かえって負担にならないように気をつけましょう。

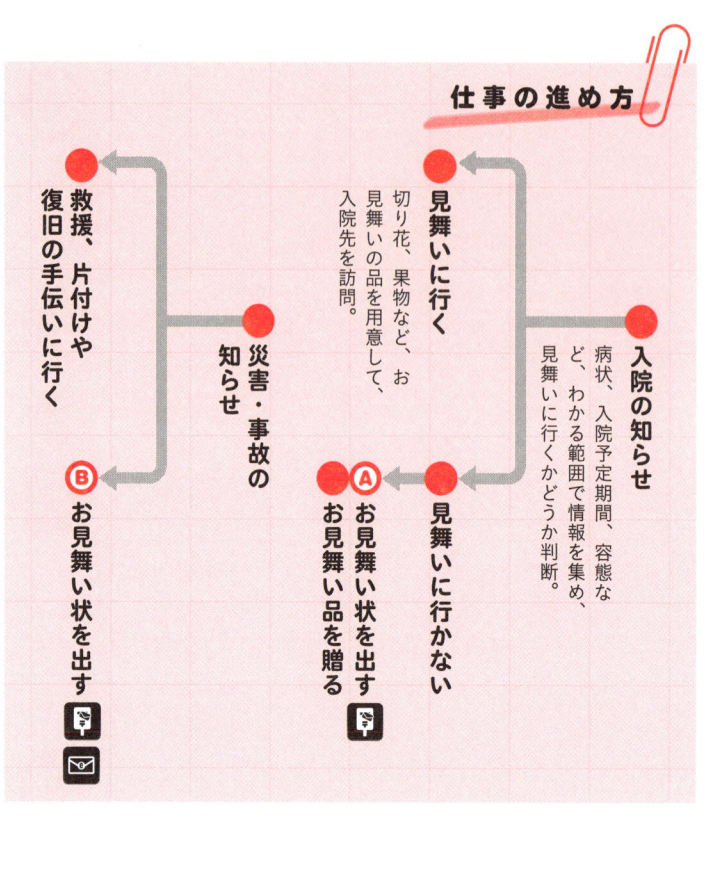

仕事の進め方

- **入院の知らせ**
  病状、入院予定期間、容態など、わかる範囲で情報を集め、見舞いに行くかどうか判断。
- **見舞いに行く**
  切り花、果物など、お見舞いの品を用意して、入院先を訪問。
- **見舞いに行かない**
  Ⓐ **お見舞い状を出す／お見舞い品を贈る**
- **災害・事故の知らせ**
- **救援、片付けや復旧の手伝いに行く**
  Ⓑ **お見舞い状を出す**

📝 病気見舞いのケース・バイ・ケース

一般的なお見舞いのマナー

まず、本人の容態や気持ちが、見舞い客を受け入れられる状態かどうかを家族に聞く。お見舞いに行く場合は、手術の前後などは避け、面会時間内に訪ねる。個室ではない場合、ほかの患者の迷惑にならないように気をつけること。お見舞いの品やお金を送る場合は、お見舞い状を書こう。

会社の上司や同僚が入院したとき

お見舞いにバラバラに行くと対応がたいへんになるので、課を代表して2人程度で。お見舞いの品やお金を送る場合も、課でまとまったほうが、先方にも負担をかけない。

病気見舞いの品物

切り花（フラワーアレンジメントも含む）、本人が食べられる食べ物、本、雑誌、商品券など。白い花や香りがきつい花、鉢植えなどは病気見舞いに適さない。

A 課員一同で出す お見舞い状

文例

突然のご入院、本当に驚いております。こうなったからには、覚悟を決めて、仕事のことは私たちにお任せいただき、治療に専念していただきたいと思います。どうか、十分にご養生いただき、万全の体調をお整えください。課のみんなでお見舞いの品を選びましたので、お送り致します。気に入っていただけるとうれしいです。
一日も早い全快をお祈り致しております。
とり急ぎ、お見舞いまで。

　　　　　　　　　　総務課一同

☑ もっとカタい文面

　このたびは、手術のことをうかがい、たいへん驚いております。
　その後、経過も順調とのことで、胸をなでおろしました。このうえは、養生に専念され、一日も早く全快されますよう、お祈り申し上げます。
　心ばかりのお見舞いを同封させていただきました。お入用なものにお役立ていただければ、幸いです。
　とり急ぎ、書中にてお見舞いまで申し上げます。

B 取引先の被災を見舞う メール

文例

```
□□の安藤です。
このたびは、たいへんなことになり、私どもも呆然と
しております。
社員の皆様におけががなかったことは、せめてもの幸い
かと存じますが、商品の水没による被害が甚大とのこと。
皆様のご落胆を思い、心よりお見舞い申し上げます。

復旧のために、お手伝いできることがございましたら、
なんなりとお申し付けください。
現場の片付けなど、当課の者が加勢にうかがえます。

メールでたいへん失礼ではございますが、至急お見舞い
と、お手伝いの申し出をお伝えしたく、とり急ぎお送り
致します。
-----
□□株式会社　第一事業部営業課　安藤春樹
haando@kakukaku.co.jp
```

> 取引先への正式な見舞い状は、社長名で、手紙で出すのが原則だが、担当者同士で連絡を取り合ったり、援助の申し出をするときには、メールが便利。

おつき合いを広げる応用動作

Part 3

☑ ピンチのときの
やりとり

01 ピンチのとき

遅刻するとき・休むとき

どうしても遅刻、お休みになってしまうとき、せめて迷惑を最小限にする努力を。

仕事の進め方

● 遅刻・お休みになることが判明！
→ Ⓐ 上司に連絡
 ・理由
 ・出社がいつになるのか
 ・いない間の仕事の段取り
 ・お詫び
→ Ⓑ 出社したら、上司や同僚にお詫びとお礼を 📞

● 待ち合わせや会議の時刻に遅刻しそう…
→ Ⓐ なるべく早く先方に連絡
 ・お詫び
 ・到着予定時刻、それまでどうしてもらうか 📞
→ Ⓑ 到着したらまずお詫び
● 迷惑をかけたときは、お詫び状を ✉

▣ 遅刻は厳禁なのだが…

出社の遅刻もさることながら、絶対にやってはいけないのは、外で社外の人と会うときの遅刻。遅れることを連絡するときは、到着の時刻を見積もって、確実な時間を告げて待ってもらうか、相手への迷惑が大きすぎるときは、約束の延期も検討する。

Ⓐ 遅刻やお休みを伝える 電話 📞

便利フレーズ

▪ 上司への切り出し方

「おはようございます。朝から熱が出てしまいまして…申し訳ありませんが、今日、お休みをいただきたいのですが…」

「おはようございます。今、新宿駅なのですが、地下鉄が止まっておりまして、20分ほど遅れてしまいそうです。申し訳ありません」

「おはようございます。申し訳ありません。出るのが遅くなっておりまして、会社に着くのが30分ほど遅れてしまいそうです」

▪ いない間の仕事について

「今日は、2時に△△さんが打ち合わせに来られる予定なのですが、私のほうか

B 事後にお詫びに ひと言を

文例

病欠のあとの出社
- 「もうすっかりいいの？」
- 「ご迷惑をおかけしました。」
- 「はい。お陰さまで。いろいろカバーしていただき、ありがとうございました。」

病欠のあと取引先に
- 「昨日は、体調を崩して休んでしまい、たいへんご迷惑をおかけ致しました。山本から確かに受け取りまして、ご説明いただいた点についても了解致しました。本当に申し訳ありませんでした。」

取引先との待ち合わせに遅れた…
- 「申し訳ありません！たいへんお待たせ致しました！」
- 「たいへんでしたね。」
- 「いえ。ご迷惑をおかけしてしまいまして…。」

★とにかく、最初は言い訳をせず、平身低頭お詫びする姿勢が大切。電車が遅れてたいへんだったことなど、その後の雑談の中で、機会があれば話すようにする。

らご連絡して、延期していただくようにお願いしてみます」

「今日は11時ごろ、□□社さんが見本品を届けてくださることになっています。たいへん申し訳ないのですが、どなたかに代わりに受け取っておいていただけると助かります」

「本日までのお約束の見積書を、机の上に置いておりますので、申し訳ありませんが、お目通しいただけますでしょうか」

■ **社外での約束に遅刻してしまったとき**

「申し訳ございません。○○線が止まってしまいまして、今、○○線に乗り換えましたので、20分ほど遅刻してしまいそうなのですが…。本当に申し訳ありません」

「たいへん申し訳ありません。こちらで機器の故障があり、資料が出力できず困っておりました。これから出ますので、30分ほど会議に遅れてしまいます。申し訳ありませんが、先に始めていただけますでしょうか」

ピンチのときのやりとり

02 ピンチのとき

仕事のミスのお詫びと後始末

ミスをしてしまったら、誠意をこめてお詫びをし、リカバリーや信用回復に努めます。

仕事の進め方

- **仕事のミスが発生（A）**
  先方からミスの指摘があったときは、まず確認（時間がかかるときは、「すぐに確認してこちらからお電話します」と、いったん切る）。

→ **上司に報告**
  なるべく早く、一報は電話で。

→ **先方にとりあえずの報告とお詫び。至急、対策を講じる（A）**

→ **一段落した後、必要であれば、改めて訪問したり、お詫び状を書いてお詫びをする（B）**
  ミスの原因を明確にし、再発防止の対策を考え、先方に伝える。取引先に損失を与えたような場合は、しかるべき責任者が足を運んでお詫びする。

A ミスの連絡をとる 電話

電話をかける前に…
- 手元の控えなどを確認し、どこでミスが起こったのか、しっかり把握する。
- 上司や関係部署と相談をしておく。

便利フレーズ

■ **先方からミスの指摘があったら**

「（請求書の間違いを指摘されて）ただいま確認します。○月分ですね。（やはり間違っていた）申し訳ありません。確かに、○○の金額が前月のものになっております。こちらの入力ミスです。とんでもない間違いで、本当に申し訳ありません。すぐに訂正して、お送りしますので、お手元のものは、破棄していただけますでしょうか。ご迷惑をおかけします」

B 再発行の請求書につけるお詫び状

文例

平成○年○月○日

△△株式会社
総務部経理課
　金山恭子　様

□□□株式会社
事業部総務課
　佐々木啓司

お詫び

拝啓　時下、ますますご清栄のこととお慶び申し上げます。
　このたびは、○月○日発行の弊社請求書（No.12345）に入力ミスがあり、たいへんご迷惑をおかけ致しました。心よりお詫び申し上げます。
　正しい内容で再発行させていただきましたので、お改めの上、ご査収ください。
　今後は、このような間違いのないよう、細心の注意を払ってまいりますので、変わりなくご厚誼を賜りますよう、お願い申し上げます。

敬具

Point
まず、電話で連絡をとりあった際に十分に詫びた上で、再発行の請求書に添えるお詫び状。

■ **ミスを知らせるとき**
「申し訳ありません。すぐに確認致しますので、折り返しお電話をさせていただいてもよろしいでしょうか」

「実は、お送りした見積書に間違いがございました。申し訳ありません。お送りしたものでは、○○の費用が含まれておりませんでした。含めますと、あと2万円高くなってしまうのですが…。本当にお恥ずかしいミスで、申し訳ありません。改めて正しいものを送らせていただきます」

■ **重大なミスが起こったとき**
「実は…たいへんなことが起こってしまいまして、お詫びを申し上げなくてはなりません。明日に納品予定だった○○ですが、最終チェックで不良品が見つかり、予定どおり納品できなくなってしまいました。申し訳ありません。現在、部品の調達を急いでいるところですが、4日くらいは遅れてしまうかと思われます。お詫びの申し上げようもございません」

ピンチのときのやりとり

02 仕事のミスのお詫びと後始末

B 納期遅れを詫びるお詫び状【文例】

平成〇年〇月〇日

各　位

□□□株式会社　PC事業部

ABC機納品延期のお詫び

[挨拶]
　平素は、格別のお引き立てを賜り、誠にありがとうございます。

[お詫びとその内容]
　このたびは、ABC機の納品が遅れまして、皆様には多大なご迷惑をおかけ致しましたことを、心よりお詫び申し上げます。

[原因・理由]
　当初、予想を上回るご注文をいただき、一時的に生産が追いつかなくなりましたが、その後、生産ラインを強化し、現在はご注文に即日対応できる体制となっております。

[今後の対応]
　今後は、的確な計画を立て、このようなご迷惑をおかけすることのないよう努力してまいりますので、引き続きご厚情を賜りますよう、お願い申し上げます。

> このようなトラブルの場合は、まず、先方にかかる迷惑をなるべく小さくすることに全力を傾け、一段落した後に、改めてお詫び状を送るなどして、お詫びする。

B 誤送信を詫びるメール【文例】

　□□社カスタマーセンターから、お詫びと訂正のご連絡です。

　昨日、午後5時10分、「サービス終了のお知らせ」と題したメールが、全会員の皆様に誤送信されるという事故が起こりました。

　このメールは、サービス期間を満了され継続をご希望されなかった方にお送りしているものですが、機器操作ミスにより、該当しない皆様に、誤って送信されてしまいました。このメールをお送りしております皆様へのサービス期間は継続しておりますので、どうかご安心ください。

　弊社の不注意により、ご迷惑をおかけ致しましたことを深くお詫び申し上げます。どうか今後も弊社サービスをご利用くださいますよう、お願い致します。

□□社カスタマーセンター
customer@kakukaku.co.jp

B ミスプリントについての お詫びと訂正

【文例】

○○カタログ夏号
お詫びと訂正

　平素は、格別のご愛顧をいただきまして、誠にありがとうございます。
　さて、先日お送り致しました○○カタログ・夏号において、下記のとおりの誤りがございましたので、お知らせ致しますとともに、ご迷惑をおかけしましたことをお詫び申し上げます。お手数ですが、お手元のカタログをご訂正の上、ご利用賜りますようお願い申し上げます。

記

<○○カタログ・夏号の訂正>
掲載ページ　10ページ

	誤	正
○○○○　3Kg	2800円	3000円
○○○○　5Kg	4500円	4800円

以上

もっとやわらかく

　日ごろは、弊社○○をご利用いただきまして、誠にありがとうございます。
　先日お届け致しました○○カタログ・夏号の価格表に、下記の誤りがありました。ご訂正の上、ご利用くださいますようお願い致します。

お詫びのフレーズいろいろ

【お詫びの言葉】
・たいへんなご迷惑をおかけしまして、誠に申し訳なく、心よりお詫び申し上げます。
・多大なご迷惑をおかけし、誠に申し訳ございません。心よりお詫び申し上げます。
・このような結果を招きましたことにつき、深くお詫び申し上げます。

【反省の言葉】
・初歩的なミスとしか言いようがなく、誠にお恥ずかしい限りでございます。
・私どもの指導の不行届きと、深く反省しております。
・私の不注意の結果と、心から反省しております。

【今後への誓い】
・二度とこのような過ちを繰り返さぬよう、十二分に注意してまいりますので、今後とも、どうかよろしくお願い申し上げます。
・今後は、品質向上にいっそう力を入れてまいる所存でございます。

03 ピンチのとき クレームに対応する

お客様からのクレームは、真摯に受け止めよう。ただし、筋の通らない要求には慎重な対応を。

仕事の進め方

クレームが入る
電話の場合は、まず、相手の話を十分に聞く。

Ⓐ
- □いつ　□どこで　□何が
- □どのようになっていたか
- □どのような問題があるか

など、しっかり押さえる。

必要に応じ、上司や関係部署と相談し、対応を検討

先方に回答 Ⓑ
★こちらの落ち度である場合は、ていねいな謝罪と対応（交替、再発送など）、今後の防止策についても説明。
★相手の苦情や要求が不合理な場合は説明を。

検証
★クレームの原因や対応の経過について、報告書を作ったり、改善策を考えたり、今後に活かす振り返りをしよう。

Ⓐ **クレームに対応する 電話**

便利フレーズ

お客様を怒らせないために…
■「たらい回し」にしない。電話を回すのは2回まで。
■30秒以上待たせない。調べるのに時間がかかる場合はかけ直す。
■お客様の話を最後までよく聞き、特に興奮ぎみのときは落ち着くまで話してもらう。

■ **不良品のクレームに**

「…たいへんご迷惑をおかけして申し訳ありません。恐れ入りますが、お買い上げになったのは、どちらのお店でしたでしょうか？
…お買い上げ日はおわかりですか？
…箱から出したとき、すでに足ゴムがなかったということでございますね。

B 不良品の交換品に添えるお詫び状【文例】

交換品のご送付について

　日ごろは、弊社製品をご愛用いただきまして、誠にありがとうございます。
　このたびは、お求めいただきました○○に不良箇所がありましたとのこと、誠に申し訳なく、心からお詫び申し上げます。
　交換品をお届けいたしますので、お調べの上、お納めください。
　なお、お手数をおかけし、たいへん恐縮ではございますが、同封の着払い伝票をご利用の上、不良のありました品物を弊社にご返送いただきたく、お願い申し上げます。
　今後は品質管理にさらに力を入れ、このようなご迷惑をおかけすることのないよう努めてまいりますので、どうぞ引き続き、弊社製品をご愛顧いただきますよう、お願い申し上げます。
　とり急ぎ、お詫びとお願いまで。

　　　　　　　　株式会社□□　ボックス事業部
　　　　　　　　　　　　　　　販売課
　　　　　　　　電話　00-0000-0000
　　　　　　　　FAX　00-0000-0000

Point
このような内容の場合、電話で話した直後でもあり、用件も穏やかでないため、「拝啓―敬具」を用いないほうが、すっきりまとまる。

「…たいへん申し訳ありませんでした。新しいものとお取り替えしたいと思いますが、ご住所等をお聞きしてもよろしいでしょうか？
…ありがとうございます。すぐに新しい商品をお送り致します。たいへんお手数ですが、着払い伝票を同封致しますので、お手元の商品を折り返しお送りいただけますでしょうか。
…ご迷惑をおかけ致しまして、たいへん申し訳ありませんでした」

■ **注文間違いのクレームに**
「○○を10本ご注文いただいたのに、5本しか届かなかったということでしょうか。…申し訳ありません。すぐに確認致しまして折り返しお電話を差し上げたいと思いますが、お電話番号をお聞きしてもよろしいでしょうか？」

03 クレームに対応する

B 手紙できたクレームに返信するお詫び状

文例

　平素は格別のお引き立てをいただき、誠にありがとうございます。
　お手紙を拝見致しました。
　ご指摘をいただきました弊社社員の失礼な言動に関しまして、心よりお詫び申し上げます。
　日ごろより、社員にはお客様第一の心得を指導しておりますが、このような非常識な態度をとる者がいることは弊社全体のサービスの質にかかわる重大な問題と認識しております。
　当人には厳重注意をし、また、今後の社員教育のあり方も見直していくよう、検討しているところでございます。
　今後は、このようなご迷惑をおかけすることのないよう一層の努力をしてまいりますので、どうかご容赦くださいますよう、また、引き続きご愛顧を賜りますよう、平にお願い申し上げます。
　とり急ぎ、書中にてお詫びまで申し上げます。

　　　　　株式会社□□　総務部人事課
　　　　　　　　　　課長　石倉一郎

☑ **商品についてのクレームに対応する文面**

　このたびは、たいへんご迷惑をおかけし、心よりお詫び申し上げます。
　恐れ入りますが、傷んでおりました○○○を新しいものと取り替えさせていただければと存じます。
　つきましては、ご在宅のときに、お詫びかたがた、お届けに上がりたいと存じますが、ご都合をお聞かせいただければ幸いでございます。
（以下略）

B クレームに対応する電話

便利フレーズ

こんなときは…
- 話が行き詰まり、こじれそうなときは、しかるべき責任者が対応するようにする。
- こちらの落ち度を許してもらえないときは、会ってお詫びをする。
- 相手の言い分がおかしい場合は、失礼のないように説明する。

■ **相手が言いつのっているとき**
「…申し訳ございません。おっしゃるとおりでございます。…本当に申し訳ございません。ご指摘のとおりだと思います。…申し訳ありません。今後は十分に気をつけるように致します」

■ **上司に交替する場合**
「たいへん申し訳ありません。この件につきましては、責任者の者から改めてお話しさせていただきたいと思います。10分以内におかけ直し致しますので、少しお待ちいただけますでしょうか」

B メールでのクレームにメール
文例

```
□□株式会社　受注センター　境と申します。

メールをありがとうございました。

>○○を5月1日にメールで注文し、翌日に確認メール
>もいただいたのですが、まだ届いていません。

たいへん申し訳ございません。
田中様のご注文は確かに承っております。

○○は特注品となりますので、おおむね3週間程度、お
時間をいただいております。
たいへんお待たせ致しまして、誠に申し訳ありません
が、間もなく発送される予定ですので、いましばらく
お待ちくださいますようお願い申し上げます。

今後も、皆様へのサービス向上に努めてまいりますの
で、引き続き、ご愛顧いただきますよう、お願い申し
上げます。
-----
□□株式会社　受注センター　担当：境　みゆき
電話　00-0000-0000　FAX　00-0000-0000
center123@kakukaku.co.jp
```

（カタログやホームページに書いてあることをお客様が見落としている場合も、それを責めず、必要なことはそのつど説明しよう）

■ **会ってお詫びしたいとき**
「本当に申し訳ございません。お電話では十分にお詫びもできませんので、おうかがいしてお詫び申し上げたいと思いますが…」

■ **使用法が適切でないとき**
「たいへん申し訳ありませんが、本製品は、○○以降のOSにのみ対応しております。正常にお使いいただくためには、OSのバージョンアップが必要になります」

■ **好みに合わないと言われ**
「本製品に関しましては、多くのお客様にご好評いただいておりまして、そのようなご指摘を受けたことがございませんが、このたびのご意見はたいへん貴重でございますので、真摯におうかがいし、今後の商品開発の参考にさせていただきたいと思います。ご期待にそえず、申し訳ありませんでした」

ピンチのときのやりとり

04 ピンチのとき

ちょっとした失礼をお詫びする

仕事やプライベートな関係で、うっかり失礼なことをしてしまったときはどうすればいいでしょう。

仕事の進め方

しまった！と思ったら… 〔なるべく早く！〕

A 電話でお詫び 📞
- メリット 声でお詫びの気持ちを伝えられる。
- デメリット 周囲に聞かれたくない内容のときは、かけにくい。

B 手紙でお詫び ✉
- メリット もっともていねいな形。口に出しては言いにくいことも書ける。
- デメリット 時間がかかる。

C メールでお詫び 📧
- メリット すぐに書いて送れる。手軽なツールなので、重大事件のお詫びには向かない。

☑ **受ける相手の気持ちを考えて…**

気になる失敗があったときは、すぐにお詫びしたほうがいいが、相手も気がついていないかもしれないほどの些細なことは、そのままにしておいたほうがいいこともある。また、相手の体面を傷つけた場面を、事細かに再現するのは、二重に相手を傷つけることになるので、注意。

A 個人的なお詫びの電話 📞

便利フレーズ

■ **宴席での失礼を詫びる**

「昨晩は、遅くまでありがとうございました。楽しいお話をいろいろお聞きしているうちに、すっかり調子に乗ってしまいまして、失礼なことを申し上げてしまったのではないかと、反省しております。申し訳ありませんでした。これにこりず、どうか今後ともよろしくお願い致します」

■ **会議の席上での失礼を詫びる**

「昨日は、会議にご出席いただき、ありがとうございました。その席上で、浜田様が前回のプロジェクトの責任者でいらっしゃったことを存じ上げず、たいへん僭越な発言をしてしまいました。このような未熟者ですが、本当に申し訳ありません。今後ともご指導くださいますようお願い致します」

B 仕事で失礼をしたことへの お詫び状 【文例】

拝啓　春風が心地よい季節になってまいりました。先生におかれましては、相変わらずお忙しくご活躍のことと存じます。
先日は、思いがけなく□□社のパーティーでお目にかかり、たいへんうれしく存じました。
その折、会場で、上司の石田をご紹介申し上げるお約束をしておりましたが、石田が所用でパーティーを中座していたため、ご紹介できないまま、先生がお帰りになってしまいました。
せっかくお心配りをいただきましたのに、たいへん失礼なことになってしまい、申し訳ございません。石田もたいへん残念がっておりました。
もしできましたら、先生のお時間があるときに、一度、ご挨拶にうかがいたく存じます。また、ご連絡させていただきます。
これにこりず、今後ともどうかよろしくお願い申し上げます。
とり急ぎ、書中にてお詫びとお願いまで。

敬具

△△株式会社　出版局　編集部
木内　俊介

> **Point**
> 相手の体面を傷つけないように詫びるのがコツ。

C マナー違反を詫びる メール 【文例】

□□社の大山です。
いつも大変お世話になっております。

先日は、販売会議メンバーへの同報メールで、市川様からの個人メールの一部を、無断で引用してしまいました。たいへん参考になるご意見でしたので、他の皆さんにもお知らせしたい一心でしたが、ご了承をいただいてからにするべきでした。

たいへん申し訳なく、心からお詫び申し上げます。これにこりず、今後ともどうかよろしくお願い申し上げます。

株式会社□□　第一事業部　サービス課　大山邦彦
電話　00-0000-0000　FAX　00-0000-0000
k_oyama@kakukaku.co.jp

05 ピンチのとき

約束（アポ・締め切り）を延期する

やむをえない事情で、約束を延期することがあります。そんなときの交渉はどうしたらいいのでしょう。

仕事の進め方

約束の日に不都合が発生 または 仕事の締め切りに間に合わないことが判明
→ Ⓐ 先方に連絡して相談 📱
→ 再アポイント または 締め切りの再設定
→ 場合によっては後日お詫び

☑ **延期をお願いするポイント**

- なるべく早く！ 連絡が間際になると迷惑も大きくなる
- すぐに伝えられ、その後の相談もできる電話が一番便利
- 延期しなくてはならない理由を端的に説明。ただ「忙しい」というのでは理由にならない
- 何度も延期することにならないように、次は確実な約束を

Ⓐ 延期をお願いする電話 📱

便利フレーズ

電話をかける前に…
- 延期によって相手が被る損失を考え、延期の理由説明やお詫びの言葉は慎重に選ぶこと。

■ **約束の延期をお願いする1**

「実は、金曜日の打ち合わせなのですが、どうしても対応しなくてはならない緊急の案件が入ってしまいまして、たいへん申し訳ないのですが、次の週に延期していただくわけにはまいりませんでしょうか？ お忙しい中、お時間をおとりいただいておりましたのに、本当に申し訳ありません」

■ **約束の延期をお願いする2**

「明日の打ち合わせなのですが、課長の山

A アポイントの延期をお願いするメール

文例

```
△△社
大石様

□□の大宮です。

何度かお電話致しましたが、外出中でいらっしゃるとのこ
とでしたので、メールでご相談させていただきます。

来週月曜日に貴社で打ち合わせをさせていただくお約束に
なっておりますが、緊急の出張が入ってしまい、できれば、
1週間延期していただけないかと思っております。

お忙しい中、ご予定いただいておりましたのに、本当に申
し訳ありません。勝手なお願いで恐縮ですが、ご調整いた
だけましたら、たいへん幸いに存じます。

翌週の15日からの週でしたら、18日以外はいつでもおう
かがいできます。どうかよろしくお願い致します。
-----
株式会社□□　営業部営業課　大宮
電話　00-0000-0000　FAX　00-0000-0000
k_omiya@kakukakku.co.jp
```

■ **仕事の締め切りの延期をお願いする1**
「今月末までに、○○を仕上げるお約束になっておりますが、使用素材が変更になったために、加工に時間がかかりまして、少し遅れております。1週間お時間をいただければ、完成できると思うのですが、なんとか延期をお願いできないでしょうか」

■ **仕事の締め切りの延期をお願いする2**
「ご依頼いただきましたデータの復旧ですが、予想以上にハードディスクの状態が悪く、時間がかかりそうです。たいへん申し訳ないのですが、あと数日お時間をいただけますでしょうか」

■ **締め切りの延期を承諾してもらって…**
「ありがとうございます。ご迷惑をおかけして本当に申し訳ありません」

本が体調を崩してしまい、おうかがいするのが難しいようなのですが…たいへん勝手ながら、もしもできましたら、延期をお願いできないかと思っております」

ピンチのときのやりとり

06 ピンチのとき 仕事上の辞退・お断り

お客様からの依頼、取引先からの打診や提案など、礼をつくしてお断りしなくてはならないときは？

仕事の進め方

● 照会・依頼・打診をお断りすることが決定

取引についての判断は、会社としての決定を仰ぐ。担当者で判断できる場合も、断り方で迷う場合は、上司に相談しよう。

Ⓐ 電話で断る 📞
断るときは、早く返事をしたほうがよいし、気持ちも伝えられたほうがよいので、電話がもっとも向いている。

Ⓑ メールで断る ✉
メールできた営業や照会の場合は、メールで断ってもよい。

Ⓒ 手紙で断る ✉
仕事関係者からのお誘いなどに、ていねいに断りたいときは、電話のあとに手紙を。また、手紙で広く配布された打診・勧誘・招待などへのお断りは手紙のみでもよい。

Ⓐ 取引などのお断りの電話 📞

便利フレーズ

- 電話をかける前に…
- 断る理由を端的に言えるように整理しておこう。

■ 企画書を採用できないとき

「先日はプレゼンにお越しいただき、ありがとうございました。その後、社内で検討致しまして、たいへん残念ですが、他社のプランに決まってしまいました。御社のご提案もたいへん魅力的だったのですが、商品のメインターゲットが10代ということで、最終的に○○をイメージした案が通ってしまいました。申し訳ありません。どうか今後ともよろしくお願い致します」

B 来訪を断るメール 文例

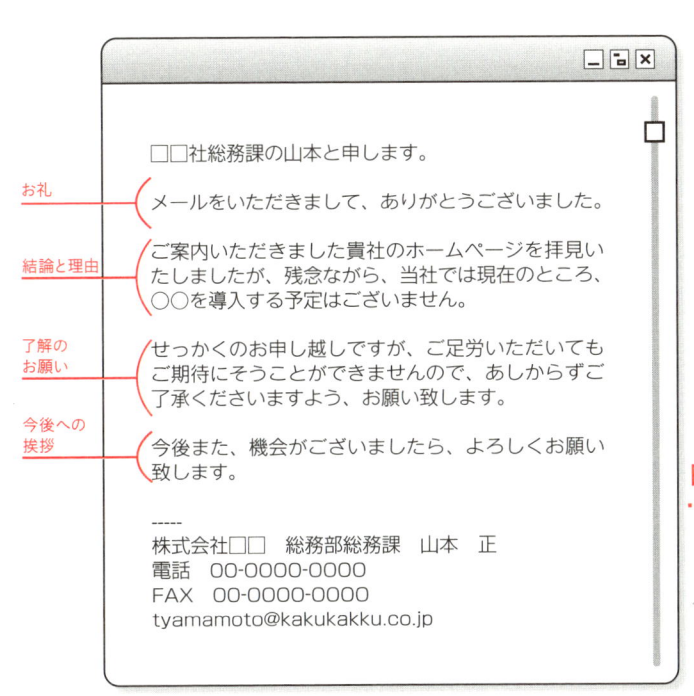

□□社総務課の山本と申します。

お礼
メールをいただきまして、ありがとうございました。

結論と理由
ご案内いただきました貴社のホームページを拝見いたしましたが、残念ながら、当社では現在のところ、○○を導入する予定はございません。

了解のお願い
せっかくのお申し越しですが、ご足労いただいてもご期待にそうことができませんので、あしからずご了承くださいますよう、お願い致します。

今後への挨拶
今後また、機会がございましたら、よろしくお願い致します。

株式会社□□　総務部総務課　山本　正
電話　00-0000-0000
FAX　00-0000-0000
tyamamoto@kakukakku.co.jp

☑ お断りの話し方・書き方の基本形

1　提案・勧誘・照会へのお礼を言う。
2　結論を明らかにする。
3　理由を述べる。
4　お詫びを言う、了解をお願いする。
5　今後への挨拶。
＊状況に合わせて、アレンジ

■ 商品の購入を断る

「先日は見積もりをありがとうございました。その後いろいろ検討したのですが、結局、あと3年、現状のままでいこうという結論になりまして…。せっかく見積もりを作成していただきましたのに、たいへん申し訳ありません」

■ 取引先からの照会に答える

「その商品は昨年の2月に製造中止となっておりまして、すでに在庫もゼロになっております。たいへん申し訳ありません。もしもよろしければ、弊社の同じ系列の商品をご案内させていただきますが、いかがでしょうか」

■ お客様からの申し込みを断る

「残念ですが、当社のサービスエリアは、現在のところ、首都圏のみとなっておりまして、お客様の地域には、おうかがいすることができません。たいへん申し訳ありません」

ピンチのときのやりとり

06 仕事上の辞退・お断り

C 依頼を断る 断り状 【文例】

```
　　　　　　　　　　　　　　　平成○年○月○日
□□協会　御中
　　　　　　　株式会社△△　総務部総務課
　　　　　　　　　　課長　住田静子

　　　　　寄付のご依頼について

拝復　時下、ますますご清栄のこととお慶び申し上げます。
　さて、先般お送りいただきました貴会への寄付のご依頼につき、弊社として検討致しましたが、諸事情により、残念ながら辞退申し上げることとなりました。
　せっかくのお申し越しにお応えできず、誠に申し訳ありませんが、あしからずご高承くださいますよう、お願い申し上げます。
　　　　　　　　　　　　　　　　　　敬具
```

断りの言葉いろいろ

- 残念ながら、貴意にそいかねる結果となりました。
- ご期待にそえず、誠に申し訳ありませんが、今回は出品を控えさせていただくこととなりました。
- たいへん残念ではございますが、お申し越しの件は、辞退させていただきたく、ご了承のほどお願い申し上げます。

★申し越す：手紙などで言ってよこすこと。

A お誘いなどのお断りの電話 【便利フレーズ】

■ 仕事関係者のお誘いを断る

「お誘いのメールをありがとうございました。それがあいにく、予定が入っておりまして、とても残念なのですが、うかがえません。せっかくお誘いいただきましたのに、申し訳ありません。次回はぜひと思っておりますので、またよろしくお願い致します」

■ 寄稿の依頼を断る

「（電話で原稿の依頼を受けて）ありがとうございます。しかし、私のような若輩者では、その役は重すぎると思います。せっかくの記念誌に中途半端な原稿を書くのは申し訳ないので、今回は辞退させてください。せっかくのご依頼ですのに、申し訳ありません」

■ 推薦を受けて

「そのような大役は、私のような若輩者ではとても務まりません。お役に立ちたいのはやまやまですが、今回は辞退させてください。申し訳ありません」

B 取材を断るメール

文例

```
□□社の山瀬です。

たいへん光栄なご依頼をいただきまして、ありがとうございました。しかし、取材のご趣旨を拝見致しまして、私はこの記事の取材対象としては、まだまだ力不足であると感じました。

確かに私は、入社3年目で、プロジェクトリーダーを務めておりますが、これは、弊社が社員教育の一環として、順番に担当させているもので、「異例の抜擢」というわけではありません。

プロジェクトは進行中で、まだ完成しておりませんし、私個人の力で成り立つものでもありませんので、この時期に、このような記事に取りあげていただくのは、私としても本意ではありません。

せっかくのお話、たいへん残念ですが、今回は辞退させていただきます。スケジュールが狂い、ご迷惑をおかけしますことを、お詫び致します。これにこりず、今後とも、どうかよろしくお願い申し上げます。

-----
株式会社□□　第一事業部　開発課　小野沢　隆
電話　00-0000-0000　FAX　00-0000-0000
tonozawa@kakukakku.co.jp
```

[間違えやすい言葉]
力不足：役割に対して力量が足りないこと。
役不足：力量に対して役割が軽すぎること。

お断りフレーズのいろいろ

[依頼や申し出へのお礼]
- たいへんありがたい（光栄な、過分な、身にあまる、ご親切な）お申し越しを（ご指名を、ご招待を、お言葉を、お話を）いただきまして、誠にありがとうございました。

[主文]
- お申し越しにつき、慎重に検討致しました結果、誠に遺憾ながら、今回は見合わせていただくことになりました。
- このたびのご提案につき、関係各署にて検討を重ねてまいりましたが、残念ながら貴意にそいかねる結果となりました。
- できるかぎりご協力申し上げる方向で検討してまいりましたが、弊社の諸事情により、ご期待にそいかねる結論となってしまいました。

[お詫び]
- あしからずご了承くださいますようお願い申し上げます。
- 誠に不本意ではございますが、なにとぞご理解賜りますようお願い申し上げます。
- なにとぞご高承のほど、お願い申し上げます。

ピンチのときのやりとり

07 ピンチのとき 個人へのセールスや勧誘を断る

特に気になるのは、仕事の用事を装っての職場へのセールス・勧誘電話。断り方を心得ましょう。

仕事の進め方

セールスや勧誘がきたら…

- **Ⓐ 職場の電話を取り次ぐ場合** 📞
  取り次ぐ人は、怪しいと思ったら、「どちら様ですか？ ご用件は？」とたずね、つなぐかどうか本人に確認する。

- **Ⓑ 職場の電話で受ける場合** 📞
  長く話を聞かず、「仕事中ですので」「関心ありませんので」と、早めにきっぱり断る。

- **Ⓒ 知人から勧められた場合** 🤝
  よく会う人から、気の進まない売買を勧められるなど、面と向かって断りにくいときは、手紙できっぱり断る。

☑ **セールス・勧誘電話の見分け方**
- 「課長さんをお願いします」など個人名を言わない。名前の読み方を間違えている。
- 自分の名前や所属（会社名）を言わない。心当たりのない会社名。
- なれなれしい。

Ⓐ Ⓑ セールス・勧誘を受ける電話 📞

便利フレーズ

- **こんなときは…**
  - 名簿などで調べて個人名で電話をしてくる場合もあるが、怪しいときは、先方の所属・名前・用件を聞き、本人につなぐかどうか確認する。
  - 話を聞きはじめると切れなくなるので、早めに話をさえぎって断る。

- **セールス・勧誘の電話の取り次ぎを頼まれた**
  「失礼ですが、どちら様でしょうか？ …どちらの上田様でしょうか？ …どのようなご用件でしょうか？ …たいへん申し訳ありませんが、そのようなお電話はお取り次ぎできないことになっております」

- **セールス・勧誘の電話を受けてしまった**
  「そのようなものには、興味がありませんの

知人の勧誘を断る手紙

文例

前略　先日は、お電話をいただき、また、その後、カタログもお送りいただき、ありがとうございました。

そのときは、ご病気から回復されたお話を感動し聞かせていただきましたが、お勧めいただいた健康食品については、残念ながら購入する気持ちになれませんので、ご了解ください。

私の周囲には、医療関係者も多く、健康食品についてはさまざまな話を聞かされております。お聞きした話は事実と信じておりますが、すべての人にあてはまるわけではありませんし、少なくとも、私自身は試すつもりはまったくありません。

ご心配いただきましたのに申し訳ないのですが、今後、この件に関するお話をお聞きするつもりはありませんので、どうかご理解くださいますようお願い致します。

とり急ぎ、お断りまで。

草々

早川奈々子

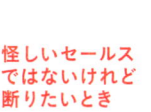

☑ 怪しいセールスではないけれど断りたいとき

せっかくのお勧めですので、いろいろ検討したのですが、これ以上、月々の支払いを増やすことは無理なようです。たいへん申し訳ないのですが、今回はお断りさせてください。

☑ しつこいとき

で…(しつこいときは)申し訳ありませんが、仕事中ですので、切らせていただきます」

「結構です。今後もお話を聞くつもりはありませんので、おかけにならないでください」

☑ 悪質な勧誘って？

投資の勧誘や高額商品のセールスなどで、うまい話、もうかる話にはあぶないものがあるので注意。契約を急がせるのも怪しいと考えよう。断っても何度でも電話をかけてくる悪質な勧誘は、職場で申し合わせて、取り次がないようにすることも必要。怪しいと思ったら、きっぱりと断る姿勢を。うっかりハマったと思ったら、すぐに相談機関などに相談しよう。

08 ピンチのとき

仕事・手続き・支払いを催促する

「早くして！」というプレッシャーをかけつつ、失礼にならない催促のしかたとは…？

仕事の進め方

★ケースバイケースで

期日が近づく
〈仕事の場合〉「そろそろですが、いかがですか？」と連絡。

期日が過ぎたら
Ⓐ〈仕事の場合〉📞✉
「いつまでにできますか？」「どのような状況ですか？」など、進行状況を確認。次の期日を約束。

Ⓑ〈支払い等の場合〉📞✉📮
相手が失念しているという前提で「まだいただいておりませんが？」と催促。

さらに期日が過ぎたら
Ⓒ〈仕事の場合〉📞
遅延の理由を確認し、必要であれば、援助したり、引き取ったり、対策を講じる。

Ⓓ〈支払い等の場合〉📮
督促状を送る。何回もの督促に応じない場合は、内容証明郵便で督促。

Ⓐ Ⓑ Ⓒ 催促する電話 📞

便利フレーズ

電話をかける前に…
- 次の期日を予定しておく。
- 遅れると困る事情の説明を考えておく。

■ **仕事の締め切り前に**
「明後日は、ラフをいただく予定になっておりますが、進行状況はいかがでしょうか？」

■ **仕事の締め切りを過ぎた場合**
「一昨日がお約束の日でしたが、いかがでしょうか？（遅れているという返事に）いつごろいただけそうでしょうか。（次の期日の約束）お忙しいところ、ご無理をお願いしますが、なにとぞよろしくお願い申し上げます」

■ **仕事がずるずると遅れている**
「○○の件、先週末までのお約束でしたが、まだ

A 修理を催促するメール

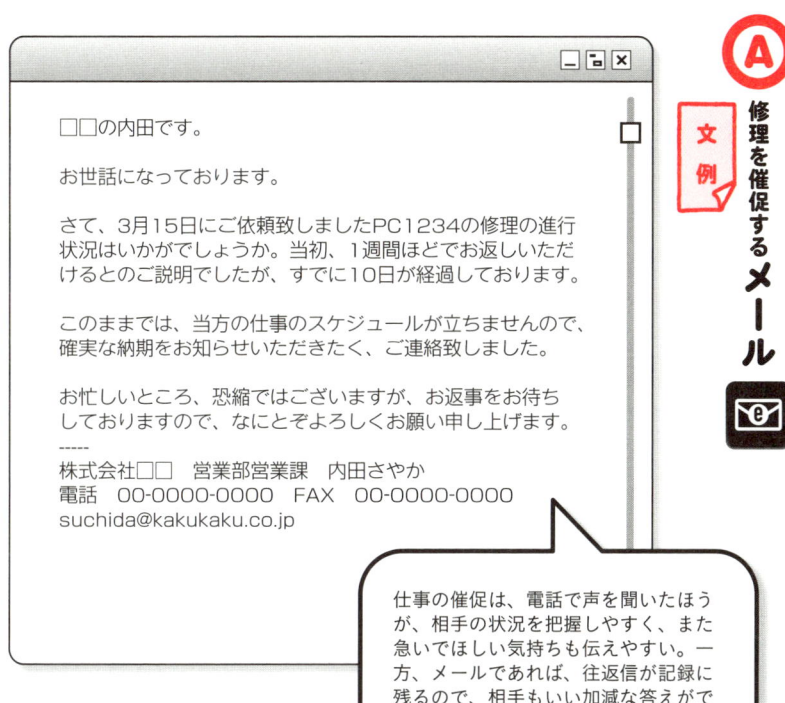

文例

```
□□の内田です。

お世話になっております。

さて、3月15日にご依頼致しましたPC1234の修理の進行
状況はいかがでしょうか。当初、1週間ほどでお返しいただ
けるとのご説明でしたが、すでに10日が経過しております。

このままでは、当方の仕事のスケジュールが立ちませんので、
確実な納期をお知らせいただきたく、ご連絡致しました。

お忙しいところ、恐縮ではございますが、お返事をお待ち
しておりますので、なにとぞよろしくお願い申し上げます。
-----
株式会社□□　営業部営業課　内田さやか
電話　00-0000-0000　FAX　00-0000-0000
suchida@kakukaku.co.jp
```

> 仕事の催促は、電話で声を聞いたほうが、相手の状況を把握しやすく、また急いでほしい気持ちも伝えやすい。一方、メールであれば、往返信が記録に残るので、相手もいい加減な答えができないという押しの強さがある。

仕上がりませんでしょうか？　実は、来週頭に部の会議がございまして、それまでにプランがまとまりませんと、ほかの作業の進行にも支障が出てしまいます。私のほうでできることがありましたら引き受けますので、早急にできている部分だけでもお送りいただけないでしょうか」

■ **必要書類が送られてこない**

「先月の24日ごろに、『保険金請求のご案内』というお手紙をお送り致しましたが、届いておりますでしょうか？（届いているという返事）お忙しいところ、たいへん申し訳ないのですが、弊社から保険金をお支払いするために、同封の書類のご返送が必要になっております。ご記入とご捺印をいただきまして、なるべくお早めに、ご返送いただきたいのですが…。（わかったとの返事）恐れ入ります。どうかよろしくお願い致します」

■ **支払いが遅れている**

「お電話で恐縮です。5月分のお支払いについて確認のお電話なのですが…」

★初回は、相手に悪意はないという前提で…。

ピンチのときのやりとり

08 仕事・手続き・支払いを催促する

A 必要書類を催促する手紙

文例

平成○年○月○日

大橋房子　様

　　　　　　　　　□□株式会社
　　　　　　　　　サービスセンター
　　　　　　　　　担当：山口明子
　　　　　　　　　電話　00-0000-0000
　　　　　　　　　FAX　00-0000-0000

　　　　　手続き書類ご返送のお願い（再送）

　このたびは、当社の○○サービスにお申し込みいただき、誠にありがとうございました。
　○月○日に、ご登録のために必要な書類のご案内をお送り致しましたが、届いておりますでしょうか。念のため、再度、ご案内させていただきます。
　今月20日までにお送りいただければ、来月からサービスをご利用いただけます。
　ご不明な点がございましたら、上記担当までご遠慮なくおたずねください。
　お忙しい中、お手数をおかけ致しますが、なにとぞよろしくお願い申し上げます。

　　　　　　　　　　　記

（ご登録に必要な書類）
1…
2…
3…

　　　　　　　　　　　　　　　　　　　以上

Point　わかりにくいから返ってこないのでは？

■ 手続き書類は、こちらから送った書式に記入や捺印をするもの、医療機関や役所などから発行してもらうものなどがあり、わかりにくくなりがち。左の例のように、記書きを使って、何をどうするのか、わかりやすく表現すること。

■ 煩雑な用事ほど、簡潔に表現する必要がある。

☑ 催促のフレーズいろいろ

・恐れ入りますが、お調べの上、至急ご手配くださいますようお願い申し上げます。
・ご無理をお願い致しまして申し訳ありませんが、なんとか○日までには間に合わせていただきたく、お願い致します。
・お取り込みのこととは存じますが、1週間以内に作業を完了していただきたく、お願い申し上げます。
・これ以上遅れますと、当社のお客様にも申し訳が立ちません。
・すでに2回以上にわたってお支払いの期日を延期致しました。当社としても、たいへん困惑致しております。

B 支払いが遅れたときの最初の督促状

文例

平成〇年〇月〇日

△△株式会社
　総務部経理課　御中

□□株式会社
第一事業部販売事務課

〇月分ご請求について

　拝啓　時下、ますますご清栄のこととお慶び申し上げます。日ごろは、格別のお引き立てを賜り、心より御礼申し上げます。
　さて、〇月〇日付で貴社宛てご請求申し上げました〇月分代金について確認しましたところ、本日までご入金いただいておりませんでした。
　ご多忙のところ申し訳ありませんが、ご確認の上、今月末までご入金いただきたく、お願い申し上げます。
　なお、本状と行き違いでご入金いただいておりました場合には、ご容赦ください。
　お手数をおかけ致しますが、なにとぞよろしくお願い申し上げます。

敬具

Point
- 支払いの催促は、経緯を記録するために文書で行うのが原則。ただし、取引先担当者がうっかりしている可能性が高い場合は、電話で「お忘れでは？」と聞いてあげたほうが親切。
- 督促状にする場合は、督促回数によって、ソフトな文面と強い文面を書き分ける。

D 支払いが遅れたときの何度目かの督促状

文例

平成〇年〇月〇日

△△株式会社
　総務部経理課　御中

□□株式会社
第一事業部販売事務課

ご請求について

　前略　〇月〇日付で貴社宛てご請求申し上げました下記代金について、再三お支払いをお願い致しておりますが、いまだご入金いただいておりません。
　当社としては、たいへん困惑しており、至急のご対応をお願い申し上げます。この上、ご入金いただけない場合は、やむなくしかるべき法的措置をとらせていただくことになります。
　なにとぞよろしくお願い申し上げます。

草々

記
ご請求内容　〇月分代金　１５２，０００円
　　　　　　（〇月〇日発行　請求書123号）
お支払い期限　〇月〇日
振込先　東西銀行本店　当座　123456
　　　　□□株式会社

以上

Point
- 催促しても支払いがされない場合は、電話と文書の両方で催促を重ね、それでもだめなときは、内容証明郵便を送る。

ピンチのときのやりとり

09 ピンチのとき クレームを言う・抗議する

クレームや抗議は、十分に考えた上で行うこと。感情的な対応は、失敗につながるので、注意する。

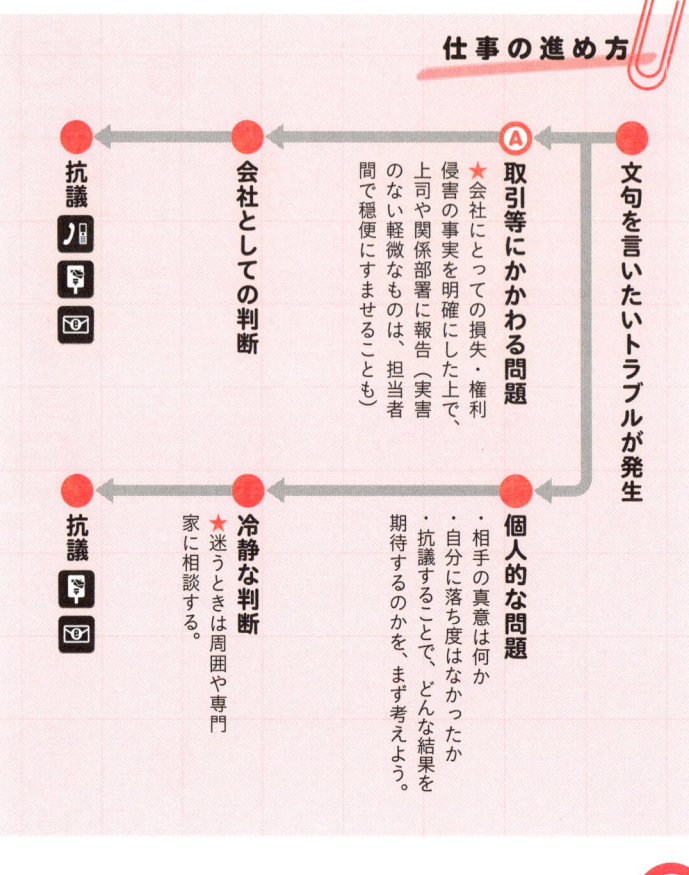

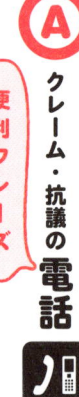

仕事の進め方

文句を言いたいトラブルが発生

↓

Ⓐ

↓ 取引等にかかわる問題
★会社にとっての損失・権利侵害の事実を明確にした上で、上司や関係部署に報告（実害のない軽微なものは、担当者間で穏便にすませることも）

→ 会社としての判断 → 抗議 📞 📠 ✉

↓ 個人的な問題
・相手の真意は何か
・自分に落ち度はなかったか
・抗議することで、どんな結果を期待するのかを、まず考えよう。

→ 冷静な判断
★迷うときは周囲や専門家に相談する。

→ 抗議 📞 📠 ✉

Ⓐ クレーム・抗議の 電話 📞

便利フレーズ

■ **クレームを電話で**

「お世話になっております。本日は、○○を納品いただきまして、ありがとうございました。中身を確認しましたところ、かなり汚れておりまして…。倉庫のホコリがプラスチック面に付着しているのかもしれません。そちらで確認した上で、改めてきれいなものを納品していただけますでしょうか」

■ **請求書の間違いを指摘**

「本日いただいたご請求書なのですが、○○の個数がこちらの控えと異なりました。お手数ですが、お調べいただき、再発行していただけますでしょうか」

A 文例 サービスの履行を求めるクレーム

平成○年○月○日

△△株式会社
サービスセンター御中

□□□株式会社
総務部総務課
課長　萩本修一

契約内容の履行について

　拝啓　時下、ますますご清栄のこととお慶び申し上げます。
　さて、○月○日より稼動しておりますABCシステムにエラーが頻発する件につき、当社担当者よりたびたびご相談申し上げておりますが、貴社では、担当者が不在などの理由で、1カ月にわたり何の対応もされず、いまだ検証さえ行われていない状態になっております。
　本システム導入にあたって取り交わしました契約書によりますと、導入後1年間の不調等の調整も無料のアフターサービスとされています。
　繁忙な時期でもあり、貴社にもご事情があることとは存じますが、上記契約内容につき、誠実にすみやかにご対応いただきたく、ここに改めてお願い致します。

敬具

A 文例 無断引用にクギをさすメール

△△社　ニュースレターご担当御中

□□社総務課の遠山と申します。
いつも弊社担当者宛てにニュースレターをご配信いただき、ありがとうございます。

さて、5月20日に発行されましたニュースレター123号の記事中に、弊社がホームページに公開しております「○○ランキング」が掲載され、うれしく拝見致しました。

しかし、引用箇所に特にクレジット等もなく、貴社のオリジナル記事と同じ扱いになっているようです。
できましたら、今後につきましては、事前のご連絡およびソース表示（弊社名、調査名など）をお願い致します。

何かの手違いとは存じましたが、念のためご確認いただきたく、ぶしつけなメールを差し上げました。
なにとぞ、ご高承のほどお願い申し上げます。

□□株式会社　総務課　遠山真理子
電話　00-0000-0000　FAX　00-0000-0000
mari.t@kakukaku.co.jp

Part 4

☑ メール・電話・手紙・ファクスの基本ルール

01 基本ルール ビジネスメールの基本

もはやメールは仕事に絶対に必要なツール。メールを仕事で使う場合の基本を知っておきましょう。

● ビジネスメールの定番書式

差出人
メールソフトに設定した差出人名が表示されるので、どこに送っても分かりやすく、恥ずかしくない差出人名にしておく

送信日時
パソコンの日付の設定が狂っていると、送ったメールが、相手のメールボックスの下のほうに入ってしまい発見されないこともあるので注意。特に、パソコンの修理の後など

宛先
アドレス帳に登録した名前が表示されるので、仕事関係者をニックネームなどで登録しないように

件名
内容が具体的にわかるように件名をつける

差出人　原田<harada@kakukaku.ne.jp>
送信日時　2008年1月25日　金曜日　2:44PM
宛先　△△社<soumu@sankaku.co.jp>
件名　○○送付のお願い

△△社　□□□□　御中

お世話になっております。
私は財団法人□□□□の原田と申します。

早速ではございますが、先般お送りいただいた冊子の請求書をお送りくださいますようお願い致します。
請求書のあて名は、財団法人□□□□、日付は3月中にしていただき、送料もあわせてご請求いただければと存じます。

お忙しいところ誠に申し訳ありませんが、
なにとぞよろしくお願い申し上げます。

財団法人□□□□　総務部総務課
　原田一郎　harada@kakukaku.ne.jp
電話　00-0000-0000　FAX　00-0000-0000

宛名
書かない場合もあるが、かしこまった内容のときは書いたほうが形になる

挨拶
手紙文のような前文は不要。この程度か、かしこまっても「時下、ますますご清栄のこととお喜び申し上げます」くらいでよい

最初に名乗る
差出人名だけでは、どこの誰のメールかわからない場合もあるので、最初のほうで、所属（会社名など）と名前を書くのが慣例。ただし、短いメールで、スクロールしなくても署名まで見える場合は、最初に名乗らなくてもよい

しめくくり
「どうぞよろしくお願いします。」「とり急ぎ、ご連絡申し上げます。」など、ひとこと入れる

署名
所属（会社名、部署名）、名前（フルネーム）、メールアドレスは必須。電話番号、ファクス番号も準必須。ほか、会社の住所、ホームページのURLなど

● 知っていると便利な基本フレーズ

挨拶

〈いつもメールを交換している相手に〉
いつもお世話になっております。

〈朝一番なら〉
おはようございます。石井です。

〈初めての相手に出すとき〉
突然のメールで失礼致します。
○○社営業部の鈴木英子と申します。

〈最近会った人に〉
先日、○○でお目にかかりました□□の大内です。その節は、いろいろとありがとうございました。

しめくくり

〈返信を促す①〉
お忙しいところ、誠に恐れ入りますが、○日までにお返事をいただけましたら幸いです。どうかよろしくお願い致します。

〈返信を促す②〉
誠に勝手ながら、至急ご連絡いただきたく、お願い申し上げます。

〈かしこまりたいとき〉
とり急ぎ。メールにて失礼を致します。

● 宛先機能→基本はTo、複数の相手に送るときは？

To
通常の宛先。複数の宛先を設定することもできる。受信側では、お互いのアドレスが見える状態で届くので、注意。

CC
カーボン・コピー（複写）の略。宛先のほかに、その内容を送ったことを知らせておきたい人がいる場合は、CCの欄に入れると同時送信できる。宛先・CCの間でお互いのアドレスが見える状態で届くので、注意。

BCC
ブラインド・カーボン・コピー。宛先の相手には、同時送信されたCCがいることがわからない形で届く。自分を宛先(To)にして、複数のアドレスをBCCに入れると、お互いのアドレスが見えない状態で同報できるが、メールソフトの設定によっては、迷惑メールとして扱われるので注意。

グループ送信
メールソフトによっては、アドレス帳にグループを設定すれば、そのグループのメンバーにメールを一斉送信できる機能がある。「各メンバーのアドレスを表示しない」を選択することで、お互いのアドレスを非公開にできる。

☑ 読みやすい書き方　4つのポイント

- 挨拶はそこそこに、なるべく簡潔にする（用件が少ないときは、スクロールしないで読める長さに）。
- 35字程度で改行を入れる（引用返信しても書式が崩れない）。
- 段落ごとに1行アキを入れる。
- 引用は必要な部分のみにする。

02 ビジネスメールのマナー

基本ルール

基本的なマナーは、公私とも共通ですが、ビジネスでは特に細かいことにも注意をしましょう。

1 基本はテキスト形式

■もともとメールは、文字だけを送る「テキスト形式」のみだったが、最近は「HTML形式」が普及。文字の大きさや色を変えたり、画像を貼り込んだりできるようになった。ただし、「HTML形式」メールは容量がかさばるし、セキュリティ設定によっては受信できない場合もあることも知っておこう。

> HTML形式では、文字に変化もつけられる

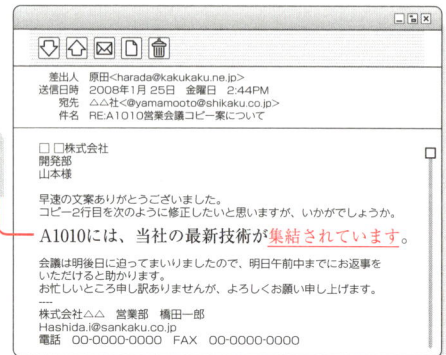

```
差出人  原田<harada@kakukaku.ne.jp>
送信日時 2008年1月25日 金曜日 2:44PM
宛先   △△社<@yamamooto@shikaku.co.jp>
件名   RE:A1010営業会議コピー案について

□□株式会社
開発部
山本様

早速の文案ありがとうございました。
コピー2行目を次のように修正したいと思いますが、いかがでしょうか。
A1010には、当社の最新技術が集結されています。

会議は明後日に迫ってまいりましたので、明日午前中までにお返事を
いただけると助かります。
お忙しいところ申し訳ありませんが、よろしくお願い申し上げます。
──
株式会社△△ 営業部 橋田一郎
Hashida.i@sankaku.co.jp
電話 00-0000-0000  FAX 00-0000-0000
```

2 メールアドレスをむやみに洩らすな

■個人アドレスはプライバシーなので、本人の了承なしに第三者に知らせるのはマナー違反。特に社外の人同士の場合は、慎重に扱うこと。

> 〈了解をとるためのメールの例〉
> ○○社の島田様が直接ご相談したいということですので、
> 原田様のメールアドレスをお伝えしてもよろしいでしょうか。

■また、複数の相手に同じ文面を送る場合、宛名欄にアドレスを列挙すると、受信側でも、全員のアドレスが表示されてしまうので注意。

3 文字化けメールは迷惑

■一部の記号などは、パソコンの機種が違うと「文字化け」を起こすことがある（機種依存文字）。特に①②③（1）（2）（3）などはMacintoshでは別の文字になる。半角カタカナもメール全体の文字化けの原因になる。

〈機種依存文字〉

記号	♤ ♧ ♡ ☎ ☞ № ㈱	ほか
単位	㍉ ㌢ ㌔ mm cm ㎠ ㎘	ほか
略号	℡ ㈰ ㈹ ㈱ ㈶ ㊞ ㊙	ほか
飾り付き	⑴ ⑵ ① ❷ ⓐ ⓑ	ほか
ローマ数字	Ⅰ Ⅱ Ⅲ ⅰ ⅱ ⅲ	ほか

〈共通して使える記号〉

| ○ △ ◎ ☆ ♪ # |
| ♭ → ↑ 【 】 " " |
| ' ' ♂ & * ※ @ |
| … 々 〆 |

4　添付ファイルの最低限マナー

①添付ファイルをつけたときは、メール本文にその旨を付記する。
②ワード、エクセル、PDF、HTML以外のファイルは、相手のパソコン環境によっては開けない可能性があるので、事前に確認した上で添付する。
③解像度の高い画像など、容量が大きいファイルは、事前に了解を得てから送る（受信側の環境によっては容量オーバーでトラブルを起こす場合がある）。
④添付ファイルは、ひと手間余分にかかるし、容量がかさばるので、メール本文に書いてもいいような内容を、わざわざ添付ファイルにしない。
⑤相手がプリントアウトして読むことが予測される大量の資料を添付ファイルで送るのは失礼。時間があるのであれば、プリントアウトしたものを郵送する。

5　件名には「思いやり」を

■毎日、何十通というメールに目を通す人も多い。相手の仕事内容からメールボックスの中がどんな状態になっているかを想像し、区別しやすく、後から検索もしやすい件名にしよう。前にもらったメールへの返信で、違う用件を送るときは、内容に合ったものに件名をつけ替えること。

〈設計事務所のYさんのメールボックス〉

×	遅くなりました	今日 6：11PM
○	寺山邸リフォーム計画ver.2	今日 6：11PM
×	依頼について	今日 6：07PM
○	山田邸見積もりの件	今日 5：57PM
○	請求書のお願い（山下工務店）	今日 5：39PM

「遅くなりました」「依頼について」などは×。よくありそうな内容は、具体的な固有名詞や日付などを件名に入れておくと便利だ。

6　引用、転送にはルールがある

■個人宛に届いたメールの内容を、送り手の許可なく、第三者へのメールに引用したり転送したりすることは、原則マナー違反。
■ただし、ビジネスメールでは、純粋に業務に関する連絡や回答は、相手方の関係者に閲覧されることも想定し、責任をもてる内容や書き方にする必要がある。
■書き手が想定していない第三者への引用や転送をする場合は、こまめに了解をとる。

〈引用の了解をお願いするメールの例〉
先日の大岩様のメールの中にあった、来季のプロジェクトについての個人的なお考えは、たいへん参考になりました。このようなご指摘があったことを、社内にも伝えたいと思うのですが、プロジェクトチームのメーリングリストで、大岩様のご意見として紹介させていただいてもよろしいでしょうか。

03 基本ルール 同報送信・メーリングリストの活用術

メールを使えば、会わなくても連絡・打ち合わせができ、記録が残るので、後から確認するときも便利。

●メールで連絡・打ち合わせができるしくみ

■同報送信・メーリングリストでは、メールのやりとりを共有できる。

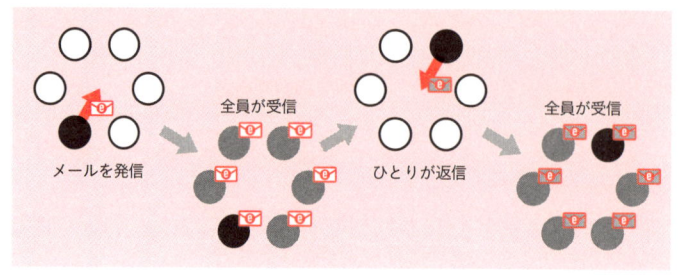

メールを発信 → 全員が受信 → ひとりが返信 → 全員が受信

●同報送信とメーリングリストの使い方

同報送信

メンバーのアドレスを宛先Toの欄に列挙して送信し、返信を「全員へ返信」機能で送信すれば、一定のメンバー内で公開にしたメールのやりとりができる。なお、メンバーに加入や脱退があった場合、主催者がアドレスのリストを加除するが、誰かがそれよりも古いメールに返信してしまうと、最新のリストが保てなくなるなど、メンバーリストの管理が難しい。短期の打ち合わせ向き。

メーリングリスト

同報送信を社内のシステムや業者のサービスを利用して行うもの。メーリングリストのアドレスにメールを送信すると、登録されたメンバー全員に配信され、返信も同様に配信される。サーバーのシステムが自動的に配信してくれるので、メンバーリストを一元的に管理できる。メンバーの1人または数人が管理人となって、パスワードを使ってメンバーの登録や削除を行う。件名に、メーリングリストのメールであることがわかる目印がつく。

同報送信 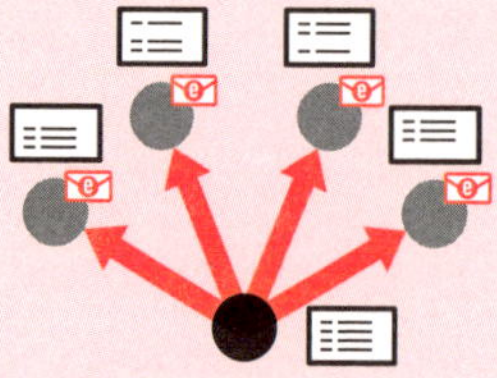
それぞれがアドレスリストを持って発信

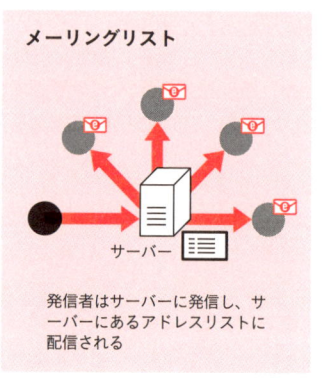

メーリングリスト
発信者はサーバーに発信し、サーバーにあるアドレスリストに配信される

●メールでつくるネットワーク

■同報送信・メーリングリストは、同じ業務やプロジェクトに関わるメンバーの連絡・情報交換・打ち合わせのために設けられることが多い。うまく運営すれば、業務効率を高め、メンバーの創意工夫を活かせるネットワークとして活用できる。

始める前に

①何のためのネットワークか、目的を明確にしよう。扱う範囲や期待する成果なども言葉にして、最初に宣言すること。期限を設ける場合は、そのことも明記する。

②構成メンバーは、偏りや不公平がないように、後から不平不満が出ないようにリストアップしよう。

③主催者を明確にし、責任をもって運営する。規模が大きいときは、司会、管理者、とりまとめ役など、必要に応じて役割分担をする。

④同報送信・メーリングリストの使い方・ルールについては、わかりやすく文章化し、最初にメンバーに配信する。

> メーリングリスト内でやりとりされた内容は、主催者の同意がなければ外部に持ち出せないのが一般的。

よいネットワークをつくるために

①面識のないメンバー、異なる組織から集まったメンバーなどで構成する場合は、自己紹介や所信表明などから始める。

②さまざまなテーマが話し合われるので、件名が正しくつけられていることが大切。複数の話題や情報を提供したいときも、返信がつくときのことを考えて、1メール1テーマを原則とする。

③メールを読む時間はそれぞれ違うので、意見募集したり採決をとったりする場合は、投げかけてから1日以上の余裕を設ける。

④議論が錯綜した場合は、主催者が整理したり、オフで(ネットの外で、実際に顔を合わせて)話し合う機会をつくることも大切。

× 1メール2テーマで発信されると…

発信者のメール
件名 「Aについて」
内容 主にAのこと
　　 余談でBのこと

→

返信者のメール
件名 「RE:Aについて」
内容 Bのこと

このあとも「RE:Aについて」という件名で、Bについてのメールが続く。

● ファクス送信票の使い方

04 基本ルール

ファクスを送る・受け取る

たかがファクス…と思っていたら、とんでもない失礼やトラブルになることも。こんなことに注意を。

送信先
郵送の文書同様、社名は省略しないで記入する。ファクス機は、複数部署で共有していることも多いので、部署名・担当者名も忘れずに

送信元
相手が返信するときに手間がかからないように、電話番号、ファクス番号、住所は必須

件名
具体的にわかりやすく。「カタログ送付のお願い」「販売会議の会場のご案内」「原稿ご確認のお願い」など

FAX

送信日　年　月　日

送信先：
□□株式会社
業務部一課

花沢孝子　様
FAX番号　00-0000-0000

送信元：
株式会社○○○○
156-0000　東京都世田谷区○○1-2-3
TEL　00-0000-0000
FAX　00-0000-0000
担当：総務課　大原三穂子

送信枚数（本紙を含め）2枚

件名：○○設置の見積もりについて

通信欄：

お世話になっております。
さきほどご相談致しました件につき、下記の書類をお送り致しますので、ご査収ください。
　1　○○設置費用見積のお願い
　2　（資料）本社ビル2F配線図

なにとぞよろしくお願い申し上げます。

主文
送信する書類の内容がひと目でわかるようにリストにしたり、補足説明を書く

しめくくり
手紙のような末文は不要

挨拶
手紙文ほどではないが、簡単な挨拶は書いたほうがよい（挨拶があらかじめ刷り込まれている送信票もある）

☑ **送信票の利用法**
簡単な用件を、通信欄に書いて送信票1枚だけを送ることもあるが、長い用件は、最初から別紙に文書としてまとめ、送信票をつけて送る

● ファクスでやってはいけないこと

①着信後、誰が手に取るかわからないので、他人に知られてはならない情報を送ってはいけない。

②お礼状、招待状、心をこめるべき手紙やフォーマルなお知らせをファクスで送るのは失礼。

③相手の紙を消費するものなので、枚数が多いもの（おおむね10枚以上）は郵送にするのが礼儀。ただし、急いでいる場合は、電話で了解をとった上で送る。

送信後・受信後の電話は必要？
基本は、送信前に「これからお送りしますので、よろしくお願い致します」、もしくは送信後に「ただいまファクスをお送り致しましたが、届いておりますでしょうか？」と電話を入れるのがマナー。ただし、ファクスが確実に本人の手に渡る環境で、いちいち電話を入れるとかえって迷惑がかかることが予想される場合は、送りっぱなしでもよい。

枚数が多いときの電話連絡
「20枚ほどになってしまうのですが、ファクスでお送りしてもよろしいでしょうか？（YESと言われたら）ありがとうございます。では、送らせていただきます」

● 通信欄に書く　知っていると便利な基本フレーズ

書き出し

〈標準〉
お世話になっております。

〈かしこまった書き方〉
時下、ますますご清栄のこととお慶び申し上げます。日ごろより格別のご厚情を賜り、誠にありがとうございます。

しめくくり

〈標準〉
なにとぞよろしくお願い申し上げます。

〈あとの手順を伝える〉
詳しくは、のちほどお電話をさせていただきます。

主文

〈電話をふまえて①〉
このたびは、突然のお願いにもかかわらず、○○の件をご快諾くださいましてありがとうございます。○○についての詳細をお送り致しますので、ご高覧くださいますようお願い申し上げます。

〈電話をふまえて②〉
さきほどは失礼を致しました。ご要望のありました○○のカタログをお送り致しますので、ご査収ください。

〈電話をふまえて③〉
お問い合わせありがとうございました。ご案内致しましたサービスの詳細を送らせていただきます。ご検討いただけましたら、幸いです。よろしくお願い致します。

05 基本ルール 電話を受ける

電話応対を落ち着いて、ソツなくできるようになれば、仕事もスムーズに進むようになります。

● 電話を使うときの基本姿勢

- メモをとる習慣を。メモ用紙と筆記用具はいつでも使える位置に
- 背筋をのばして、相手から見えていても恥ずかしくない姿勢で。はきはきと話すこと
- 机の上は整理整頓。電話でよく照会される事柄などの資料を取り出しやすい位置に置く
- 電話機の操作方法は確実にマスターしておく

●「電話を受ける」応対の流れ

外線をとるとき

「はい。○○社でございます」

バリエーション
「おはようございます。○○社でございます」
「○○社、石井でございます」

↓

相手「△△社の山本と申しますが」

↓

「お世話になっております」

↓

相手「営業課の原田さんはいらっしゃいますか」

↓

「原田でございますね。少々お待ちください」
（不在の場合など取り次ぐときの詳細は、129ページ参照）

● 電話のマナー&タブー

①3コール以内で出る
3コール以上待たせてしまったときは、「お待たせ致しました。○○社でございます」と言って出る。

②たらい回しにしない
担当ではない業務についての問い合わせなどがあったときは、対応できる部署に的確に転送する。転送は2回までと心得よう。
★電話が転送できないとき、「たいへん申し訳ありませんが、お電話をお回しできませんので」と断った上で「担当者からかけ直させますので、お電話番号をうかがってもよろしいでしょうか」もしくは「今から申し上げる番号におかけ直しいただけますでしょうか」とたずねる。

③30秒以上の保留はしない
長く待たせてしまいそうなときは、「調べまして、折り返しお電話致します」と、いったん切る。

④大事な内容は復唱する
「復唱いたします。注文番号123のロールを5ダース、10日までにお届けということでよろしいでしょうか」など。

⑤メール・ファクス・文書を併用
日時や場所、数量、細かい内容がある依頼などは、とりあえず電話で伝えても、後で改めてメール・ファクス・文書などで要旨を送るのが礼儀。最初に「のちほど、文書でもお送りしますが」と断れば、相手も安心して話を聞ける。

⑥途中で相手の名前を聞くときは…
「私、販売課の小山と申します。失礼ですが、お客様のお名前をお聞かせいただけますでしょうか？」など。

⑦切り方にもマナー
かけた方が先に切るのが原則。先に切るときは、「ありがとうございました。それでは、失礼致します」などと言い、フックボタン（「切」ボタン）でそっと切ること。

内線でとり次がれたとき
「お電話代わりました。原田でございます」
バリエーション
「お待たせ致しましたね。○○の件で、金額のご確認でございますね？」（電話に出た社員が用件を聞いているときは、相手に何度も言わせない）

バリエーション
「原田でございます」（たまたま自分だったとき）
「申し訳ありません。もう一度お名前をお願い致します。…△△社の山本様でいらっしゃいますね。失礼致しました。少々お待ちください」

社員の家族からかかってきたとき
相手「山村の娘ですが、父はおりますでしょうか」
「お世話になっております。少々お待ちください」
バリエーション
「お世話になっております。山村さん（山村課長）はただいま外出されています。戻られましたら、ご連絡されるようにお伝え致しましょうか？」

メール・電話・手紙・ファクスの基本ルール

06 基本ルール 電話を取り次ぐ

指名された社員が席にいなかったら？　ケース別の決まり文句を頭に入れておきましょう。

● とり次ぎの基本

お客様　「○○社の山本と申しますが、原田さんはいらっしゃいますでしょうか？」

と指名を受けたら、

自分　「お世話になっております。原田でございますね。少々お待ちください」

と言って保留にし、内線で転送。

内線　「はい。原田です」

自分　「○○社の山本様からお電話です」

と、すぐにつなぐ。もしも、用件を聞いている場合は、「○○の件でお聞きしたいことがあるとおっしゃっています」と補足して伝える。

✓ こんなときのセリフは？

- **相手が名乗らないとき**
「私、営業課の小山と申しますが、失礼ですが、お名前をお聞かせいただけますか？」

- **セールスや勧誘の電話かもしれないとき**　→108ページ参照

- **指名された社員の電話がすぐに終わりそうなとき**
「ただいまほかの電話に出ておりまして、まもなく終わりそうですが、少しお待ちいただいてもよろしいでしょうか」（1分以内に電話に出られそうなときのみ）

- **すぐに取り次ぐつもりで保留にしたが時間がかかりそうなとき**
「申し訳ありません。思ったより時間がかかりそうですので、こちらからおかけ直ししたいと思います。念のため、お電話番号をうかがってもよろしいでしょうか？」

● 指名された社員にとり次げないとき

まず 「申し訳ありません。原田は…」

- **外出中のとき**
「申し訳ありません。原田はただいま席を外しておりまして、4時ごろに戻る予定になっております」
「申し訳ありません。原田は外出しておりまして、そろそろ戻る予定になっておりますが…」

- **会議・打ち合わせ中のとき**
「申し訳ありません。原田はただいま会議中でして、3時ごろには終了する予定です」
「申し訳ありません。原田はただいま打ち合わせ中で、まもなく終わると思うのですが、…」

- **遅刻しているとき**
「申し訳ありません。原田は本日、直接立ち寄り先に行っておりまして、10時ごろには戻る予定です」

- **休んでいるとき**
「申し訳ありません。原田は本日、お休みをいただいております」

- **一時的に席をはずしているとき**
「申し訳ありません。原田は今少し席をはずしております」

- **別の電話に出ているとき**
「申し訳ありません。原田はただいま別の電話に出ております」

次に… 「よろしければ…」

「よろしければ、戻り（終わり）次第、こちらからお電話差し上げるように致しましょうか？」

- **YESの場合**
「それでは、念のため、お電話番号をうかがってもよろしいでしょうか。…復唱します。00-0000-0000　○○社の山本様でいらっしゃいますね」

- **NOの場合**
「では、山本様からお電話をいただきましたことを申し伝えます」または「よろしければ、伝言を承りますが…？」（伝言については、134ページ参照）

しめくくり 「私、営業課の小山が承りました。お電話ありがとうございました」

メール・電話・手紙・ファクスの基本ルール

07 基本ルール 電話をかける

電話をかけるのにも、ちょっとしたマナーや決まり文句を知っていると、ラクに話せます。

電話をかけるときの流れ

電話をかける前の準備

▶ 用件をどう切り出すか、電話でどこまで話すか、相手から断られた場合はどうするかなど、話の流れや「もしも」の場合の対応について考えておく。
▶ 不在の場合はかけ直すか、かけてもらうか、伝言するか、考えておく。
▶ メモと話の流れで必要になるかもしれない資料などを手元に用意しておく。

相手が電話に出たら

「○○社の山本と申しますが、営業課の原田様はいらっしゃいますでしょうか」

「○○社の山本と申しますが」のあと、ひと呼吸おくと、相手が「お世話になっております」と挨拶してくれる場合が多いので、「こちらこそ、お世話になっております」と応じてから、とり次ぎを頼もう。

〈切り出し方〉

相手が最初に用件を「おおづかみ」できる話し方をしよう。

■ 確認・照会

「メールでお送りしました件につきまして、ご都合をお聞きしたいと思いまして、お電話申し上げました」
「お送りいただいた書類につきまして、確認したい点がありまして、ご連絡致しました」

■ 打ち合わせ・相談

「実は、○○の件で少しご相談したいことがございまして、お電話致しました」

電話のマナー&タブー

取り次がれたら

「○○社の山本です。お世話になっております。来週にご予定いただいております施設見学の待ち合わせ場所についてご相談したく、お電話致しました。今、2、3分よろしいでしょうか?」

▼相手の都合を聞くのはマナー。ただし、何か重大な連絡の場合は、すぐに用件に入る。

「よいと言われたら」ありがとうございます。…(詳しい内容に入る)」

用件がすんだら

「では、25日3時に立川駅北口、ということで(などと結論を繰り返して念を押す)、どうぞよろしくお願い致します(相手の声を聞いてから)ありがとうございました。失礼致します」(静かに切る)

■ **依頼**

「○○様にお願いしたいことがございまして、お電話をさせていただきました」(「実は、○○様に折り入ってお願いしたいことが…」)

■ **トラブルの連絡**

「実は、明日のお約束でした○○ですが、PCのトラブルがありまして、どうしても明後日になってしまいそうなのですが…。たいへん申し訳ございません」(言い訳よりも、事実経過とお詫びを先に)

「実は、大変申し訳ないことになってしまいまして…」(簡単には説明できないような重大なトラブルのときは、相手が覚悟する間をとる)

〈しめくくり方〉

「それでは、詳しくは文書で送らせていただきますので、どうかよろしくお願い致します。ありがとうございました。失礼致します」

「お忙しいところ、長々と申し訳ありませんでした。ありがとうございました」

08 基本ルール 電話の臨機応変な話し方

こんなときはどうする？ 相手の思いがけない言葉にも、落ち着いて答えられるフレーズいろいろ。

● 話したい相手が不在だったとき

■ まず、「いつごろお戻りになりますでしょうか？」と聞く。答えを受けて…

- **かけ直すとき**
「それでは、そのころにこちらからおかけします」

- **かけてもらいたいとき**
「恐れ入りますが、お戻りになりましたら、遠藤までお電話をくださるようにお伝えいただけますでしょうか」（続けて「念のため、電話番号を申し上げます。00-0000-0000　○○社の遠藤でございます」）

- **伝言を頼むとき**
「それでは、ご伝言をお願いしてもよろしいでしょうか」

- **メール・ファクスで送るとき**
「それでは、用件をメールでお送りしておきますので、お伝えいただけますでしょうか」

● 間違い電話をかけた・受けたとき

「はい。○○社でございます」

　「△△社さんではありませんか？」

「こちらは、○○社と申します」

　「たいへん失礼致しました。番号は、00-0000-0000でしょうか？」

「こちらは、00-0000-0001でございます」

　「かけ間違いました。申し訳ありません。ありがとうございました」

- **番号が合っていたとき**
「確かにその番号ではございますが、おかけ違いのようです」

● うまい相づちの打ち方

■相手が話しているときは、黙って聞かず、「はい」「そうなんですか」などと相づちを打つと、相手も話しやすい。電話ではお互いに顔が見えないので、気持ちを声で表現することが大切だ。

- **相手が一方的に説明や意見を述べているとき**
  「はい」…「はい」…

- **知らなかったことを教えられたとき**
  「なるほど」「そうなんですか」

  「実はこういうわけだったんですよ」

- **依頼や指示を受けたとき**
  「はい」「承知致しました」「了解致しました」「確かに承りました」

- **相手側が何かしてくれるという話のとき**
  「ありがとうございます」「恐れ入ります」
  「よろしくお願い致します」

  「明日お送りします」

- **お礼を言われたとき**
  「いえいえ」「とんでもありません」「こちらこそ、ありがとうございます」

- **ほめられたとき**
  「ありがとうございます」「お恥ずかしいです」
  「とんでもありません」

  「あの報告書はとてもよくできていましたね」

- **落ち度を指摘されたり苦情を言われたとき**
  「申し訳ございません」「おっしゃるとおりです」

● 長引いている電話を切るとき

■相手が話している最中に突然「時間がないので、これで」というのは失礼になるので、相づちを打ちながら自分が話す番にもっていって、少し話してから…

「あ、申し訳ありません。打ち合わせの時間になってしまいました。それでは、先ほどの件、どうかよろしくお願い致します。失礼致します」

「あ、長くなってしまいました。お忙しいところ、申し訳ありません。では、木曜日は、よろしくお願い致します」

電話の伝言の基本

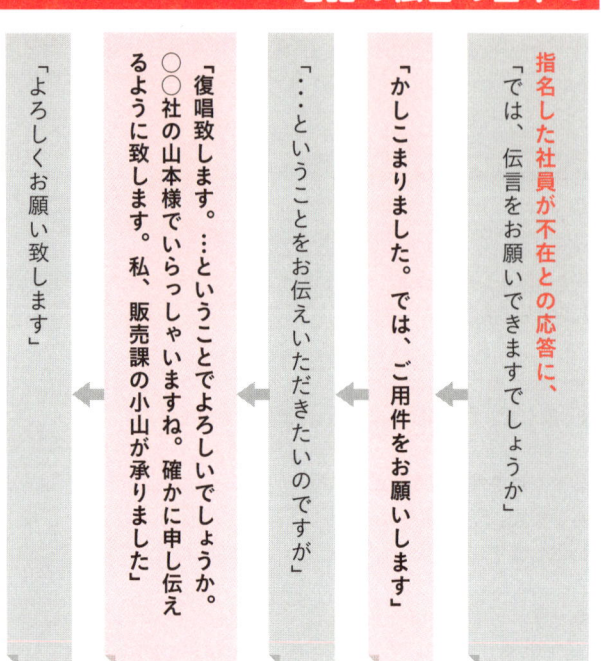

基本ルール 09 電話の伝言をする・受ける

伝言を聞いたら責任をもって伝えよう。伝え忘れは、とんでもないトラブルになることがあるので注意。

指名した社員が不在との応答に、
「では、伝言をお願いできますでしょうか」

↓

「かしこまりました。では、ご用件をお願いします」

↓

「…ということをお伝えいただきたいのですが」

↓

「復唱致します。…ということでよろしいでしょうか。○○社の山本様でいらっしゃいますね。確かに申し伝えるように致します。私、販売課の小山が承りました」

↓

「よろしくお願い致します」

☑ 伝言受けるときのチェックポイント

- 伝言を頼んだ人の所属・名前を正確に聞く。最初に聞き取れなかったときは、「申し訳ございません。もう一度、お名前とご社名をお願い致します」

- 用件を聞き取ったら、復唱しながら「誰が・何を・いつ（いつまでに）・どこで・どのように」のうちの必要な情報がそろっているかをチェック。

- 「かけ返してほしい」という伝言があった場合は、念のために電話番号を聞く。指名された者の帰りが不確定な場合は、何時までなら連絡がつくかも聞いておく。

- 相手が急いでいるようすで、指名された社員に連絡がとれる場合は、「お急ぎでしたら、出先から連絡するように申し伝えますが…」とたずねる。ただし、万一連絡がとれなかった場合は、すぐに「あいにく連絡がとれませんでした。このあとも連絡をとってみますので、お待ちいただけますでしょうか」などと連絡する。

電話の伝言の基本

☎電話メモ

　　　　　大場課長　　　　　様へ

（所属名）○○株式会社営業課
（お名前）川口正樹　　　　　様より

□お電話がありました
□お電話をいただきたい（お電話番号　00-0000-0000）
□またお電話します
☑下のとおりご伝言がありました

明日の打ち合わせ大島課長も同行。

先約がキャンセルになったとのこと。大島課長、島田氏、川口氏の3人で、予定どおり午後3時に来社されるとのことです。

受信日時　6月10日15時30分ごろ
受信者　　小山優香

> **急がないときはメール・ファクスを使って**
> 電話で相談したかったが、相手が不在だった場合は、「それでは用件をメールでお送りしておきます」と伝言を頼み、メールやファクスで送っておくとよい。

- ☐ メモは目につく場所に、飛んでしまわないように置く。
- ☐ 本人が帰社したら、口頭でもメモがあることを伝える。

☑ 上手なメモの残し方

最初に用件のポイントを、ひと目でわかるように書き、詳細はその下に。

〈例〉

注文変更　ABC10ケース→20ケース

納品は15日を希望。請求書は20日までにお願いしますとのこと。

見積もりの変更、メールで送りました。

新しい条件での見積もりを作成したので、メールで送りましたとのこと。いつ帰社されるのかと気にしておられました。

> ＊相手に特別なようすがあった場合は、簡略に付記しておく。（「ご立腹のようすでした」「恐縮しておられました」「ご不満なようすでした」など）

● 携帯電話はどう使うべき？

10 基本ルール 携帯電話のマナー

携帯電話にもマナーがあります。特に、仁事に使う場合は、お互い負担にならない工夫を。

社外の人とは？

〈基本は固定電話にかける〉
仕事のふだんの連絡等は、会社の固定電話にかけるのが原則。

〈番号を知らせ合っても…〉
待ち合わせなどのときに携帯の番号を知らせ合うことは増えているが、番号はわかっても、緊急時以外は会社の固定電話にかけるようにするのがマナー（たびたび外でいっしょに仕事をする関係などで、お互いに了解している場合は例外）。

〈携帯電話の番号はプライバシー〉
携帯電話の番号はプライバシーなので、本人の了解なしに、安易に第三者に伝えない（連絡先としては、会社の固定電話の番号を知らせる）。

社内関係

〈携帯電話を仕事に活用する時代〉
会社が業務用の携帯電話を支給することも増えているが、私物の携帯電話の場合、番号を職場に知らせる義務はないし、あえて持たない主義の人もいる。しかし、持っていれば、番号を上司や同僚に知らせて、仕事に活用するのが、今や一般的。

〈それでもむやみにかけない〉
どこにいてもつかまえられるからといって、むやみに携帯電話にかけるのはマナー違反。仕事の重要な場面や、電話に出にくい状況のときにかかってしまう恐れもある。外出している上司や同僚の携帯電話への連絡は、なるべく急ぐときだけにし、帰社してからでも間に合うような用事は避けよう。

〈取引先の人が至急連絡したいと言っても…〉
社外の人に、社員の携帯電話の番号を教えるのはルール違反。取引先から不在の社員に、どうしても急ぐ用件で電話があった場合は、「お急ぎでしたら、出先から山本に連絡させましょうか？」と聞く。その場合は、相手の連絡先を聞いて、いったん電話を切り、指名された社員の携帯電話に連絡をとる。

● 携帯電話で仕事の話をするときの基本

- 長電話はしない。とりあえずの用件のみ伝えて、「詳しくは、社に戻りましてから、またご連絡させていただきます」と言う
- 仕事関係者に聞かれても恥ずかしくない着信音に設定する
- 仕事の重要な情報が含まれる会話は、人に聞かれない場所でかける
- フォーマルな場所、重要な相手との面談など、場面に合わせてこまめに電源オフに。マナーモードも失礼
- なるべく静かな場所で話す。まわりがうるさいときは、いったん切って、静かな場所に移動してからかけ直す

● 携帯電話を使うときの便利フレーズ

〈携帯電話にかけたとき〉
「携帯にお電話してしまい、申し訳ありません。今、お話ししても大丈夫でしょうか」
★相手が話せる状況かどうか、確認してから話す。

〈携帯電話からかけたが、通信状態が悪いとき〉
「今、携帯からかけておりまして、通信状態があまりよくないようです。申し訳ありません。手短にお話しさせていただきます」

〈携帯電話にかかってきたが、話せない状態のとき〉
「申し訳ありません。今、お話しできませんので、5分ほど後におかけ直ししてもよろしいでしょうか」
★いつかけ直せるかを言い添えること。

〈相手がこちらがかけた着信履歴を見て、かけ直してきたとき〉
「申し訳ありません。折り返し、こちらからかけ直します」（と言って切る）
★相手に携帯電話の通話料で負担をかけないため。

メール・電話・手紙・ファクスの基本ルール

11 手紙の書式の基本

基本ルール

手紙の書式には、いくつかのパターンがあります。相手や内容によって、使い分けましょう。

ビジネス文書の基本書式

日付 取引にかかわる文書、フォーマルな文書には、必ず日付を。日付が後から重要な意味をもつ場合もある。なお、内部管理のための「文書番号」（「営発123号」など）を入れる場合は日付の上に。

宛先 社名や肩書きが入る場合は、

- △△株式会社　　　　　　　　　　本文頭より1文字下げ
- ■営業部長　河崎哲生　様　　　　本文頭より2文字下げ

のように書く。「株式会社」は（株）などと省略してはいけない。

差出人 文書の内容によって、管理職名にする場合、担当者名にする場合がある。

件名 用件がひと目でわかるようにつける。「○○のお願い」「○○のご案内」「○○について」など、簡略にしたい場合は、省略してもよい。

前文

　頭語 手紙の冒頭の挨拶に使う手紙用語。頭語を書いたら、必ずそれに合う結語を手紙文の最後に入れる。カジュアルにしたいときは省略してもよい。

　時候の挨拶 季節の言葉と相手の健康や安全を祝う言葉、もしくは安否をたずねる言葉を入れる。

　日ごろへの感謝の言葉 ビジネス文書特有の慣用文がある。

本文 「さて」「このたびは」などで始めることが多い。内容にもよるが、結論を最初に書き、理由や説明をつなげる書き方がわかりやすいとされている。

末文

　結び 省略することも多い、しめくくりの言葉で、全体の印象を強める効果もある。

　結語 頭語に合った結語を入れる。頭語を省略した場合は、結語も省略する。

記書き 箇条書きにしたほうがわかりやすい内容、数値が並ぶ内容などは、記書きとして、本文を終えた後に書く。最後は「以上」でしめくくる。

副文（担当／連絡先など） 担当・連絡先は「以上」の前に入れてもよい。

ビジネス文書の基本書式

平成〇年〇月〇日

各　位

株式会社□□
営業部長　内山洋次

販売店連絡会議のご案内

拝啓　初秋の候、ますますご清栄のこととお慶び申し上げます。
　日ごろは、格別のご厚情を賜り、心より御礼申し上げます。
　さて、恒例の販売店連絡会議を下記のとおり開催することになりました。当社新シリーズの販売促進計画についてご説明をさせていただき、皆様から忌憚のないご意見をうかがう機会にできればと考えております。
　つきましては、ご多忙のこととは存じますが、ぜひともご参集いただきたく、お願い申し上げます。
　とり急ぎ、書中にてご案内まで申し上げます。

敬具

記

日時　〇月〇日（金）
　　　午後2時～4時
場所　ホテルABC松の間
電話　00-0000-0000

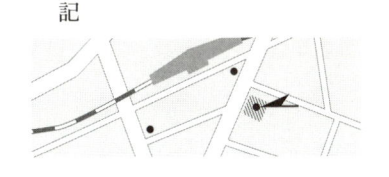

＊誠に恐れ入りますが、別紙連絡表に出欠をご記入の上、〇月〇日までに、ファクスにてご返信ください。

以上

担当・石田　電話　00-0000-0000　FAX　00-0000-0000
ishida@kakukaku.co.jp

★紙は白。印字はブラック。
★書体は明朝体が基本だが、標準的なゴシック体もよく用いられる。
★強調のために下線や太めのゴシック体を使用してもよいが、多用すると、かえってわかりにくくなるので、注意。

● 横書きのややカジュアルな書式

■日付・宛先・差出人が頭に乗る書式だと、堅苦しいと思われるときは、このような形でもよい。

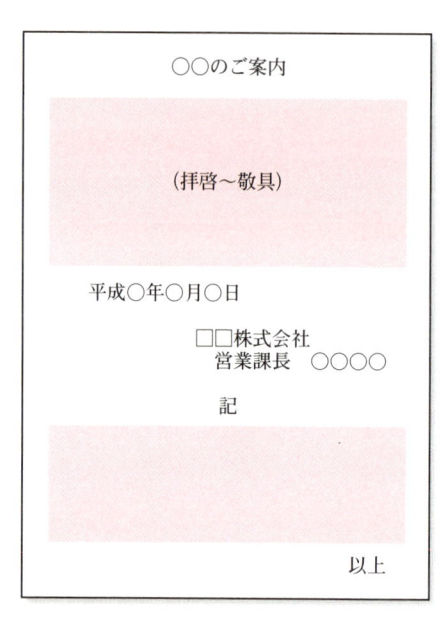

```
           ○○のご案内

         (拝啓～敬具)


     平成○年○月○日

              □□株式会社
              営業課長　○○○○

              記



                        以上
```

どんなときに使う?
- 取引にかかわる文書や業務連絡は前ページの基本書式が適している。
- 宛名を書きたい場合も、基本書式を用いる。
- 多数に出す社交的な手紙やお知らせなどは、堅くなりすぎないこの形式が使いやすい。

件名や記書きがないタイプ（社交文向き）
- 社交文、何かに添える軽い挨拶状、個人のお客様などにやわらかい雰囲気で出したいとき、プライベートな手紙など。
- 宛名を書きたいときは、1行目に「○○様」と入れ、1行開けて本文を始めてもよい。

＊社交文とは
挨拶状、招待状（左ページ参照）、お礼状、お祝い状、お見舞い状、お悔やみ状など。なお、知人、親戚などに出すプライベートな手紙は、手書き、縦書きしたほうがよい。

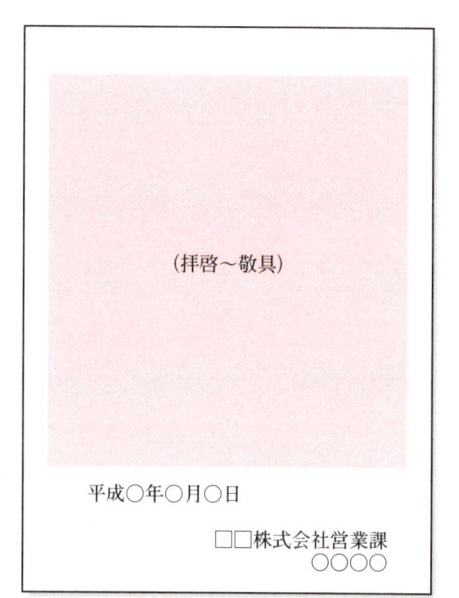

```
         (拝啓～敬具)




     平成○年○月○日
                □□株式会社営業課
                      ○○○○
```

● 縦書きのフォーマルな書式

新社屋お披露目のご案内

謹啓　新緑の候、ますますご清栄のこととお慶び申し上げます。日ごろは、ひとかたならぬご厚情を賜り、深く御礼申し上げます。
さて、このたび弊社は、事業拡大に伴い、本社を港区六本木のABCビルに移転することとなり、新オフィスの改装工事も無事完了致しました。
つきましては、日ごろのご支援への感謝をこめ、ささやかながら左記のとおり、お披露目の小宴を催したく存じます。
ご多忙のところ、誠に恐縮ではございますが、ぜひともご来臨賜りたく、謹んでご案内申し上げます。

敬具

平成○年○月吉日

株式会社□□
取締役社長　大山小枝子

記

日時　○月○日（金）午後三時～五時
場所　新本社ビル　大会議室
　　　（港区六本木○-○　ABCビル　35階）

＊お問い合わせは、電話○○-○○○○-○○○○　飯沼まで。
＊誠にお手数ながら、ご都合のほどを同封のハガキにて、○月○日までにお知らせくださいますよう、お願い申し上げます。

☑「これぞ」というときのフォーマルな書式

■ 記念式典などへのフォーマルな招待状、組織変更、社長交替などの重要な異動の挨拶状などは、このような縦書きの書式で印刷する。

■ 角の丸い白カードがよく用いられる。上記の文面だと二つ折り（ハガキ2枚分の大きさ）、短い文面の場合は、その半分（ハガキ大）のものを使う。

■ あえて件名を入れない場合もある。

「以上」は必要？

記書きの結語の「以上」の必要性については、いろいろな意見があるが、このような社交文には入れなくてもよい。

副文（追って書き、追伸）

「目上の人に副文を書くのは失礼」とされるが、それは、あとで思い出して書き足す追伸などのこと。この場合は、必要な注釈なので、問題ない。目上の人へのプライベートな手紙などでは、追伸は避ける。また、お悔やみ状も、「重ねる」ことを嫌うので、副文を書いてはならないとされている。

基本ルール 12 手紙の前文の書き方

手紙独特の挨拶が、「頭語・結語」と「時候の挨拶」、そして次ページ「日ごろへの感謝の言葉」です。

● 前文の構成

- 頭語
- 時候の挨拶（季節の言葉）
- 時候の挨拶（安否の挨拶）

拝啓　時下、ますますご清栄のこととお慶び申し上げます。
平素は、格別のお引き立てを賜り、誠にありがとうございます。

日ごろへの感謝の言葉　　は144ページ

● 頭語・結語

■頭語は、手紙の冒頭で相手に敬意を表す挨拶、結語は、頭語に対応したしめくくりの言葉。組み合わせが決まっているので、注意しよう。

シチュエーション	頭語	結語
一般的	拝啓　拝呈	敬具　敬白
かしこまりたいとき	謹啓　謹呈	謹白　敬具　敬白
急ぐとき、前文を省略するとき	前略　冠省	草々　不一
返信するとき	拝復　拝答	敬具　敬白

・このほかにも、さまざまな頭語・結語があるが、ビジネス用としては、以上で十分。
・女性用の頭語・結語として「謹んで申し上げます」「かしこ」などがあるが、ビジネス文書では使わない。

▪ **どういう意味？**
拝啓　謹啓　➡　謹んで申し上げます
拝呈　➡　謹んでお送りします
前略　冠省（かんしょう）　➡　挨拶を省きます
不一（ふいつ、ふいち）　➡　十分意をつくせていませんが

☑ 頭語・結語は必ずつけなくてはいけないの？

全部に必ず、というわけではない。
取引文書などの定型的なビジネス文書、目上の人に出すかしこまった手紙には、頭語・結語を入れるのがお決まりになっているが、身近な人に出すプライベートな手紙には、むしろ、ないほうがフレンドリーに書ける場合も多い。
仕事関係の手紙でも、親しい担当者同士の連絡や、一般ユーザーやお客様にやわらかい雰囲気で手紙を出したいときなどは、省略可。

● 時候の挨拶（季節の言葉）

■手紙の最初に季節の言葉をふるのは、日本の手紙の伝統的な文化だが、ビジネス文書では、通年使える「時下」にしてしまうことも多くなっている。「季節の言葉」の後に、「安否の挨拶」（ビジネス文書では相手の健勝や繁栄を祝う言葉、次ページ）を続ける。

月	時候の挨拶
通年	時下ますますご清栄のこととお喜び申し上げます
1月	新春の候、初春の候、厳寒の候（厳しい寒さが続きますが）
2月	余寒の候、立春の候、晩冬の候（寒さまだ厳しい折から）
3月	早春の候、余寒の候、春寒の候（急に春めいてまいりましたが）
4月	桜花の候、陽春の候、惜春の候（春爛漫の季節となりましたが）
5月	新緑の候、若葉の候、立夏の候（若葉のすがすがしい季節となりましたが）
6月	入梅の候、向暑の候、梅雨の候（うっとうしい季節となりましたが）
7月	盛夏の候、猛暑の候、炎暑の候（暑中お見舞い申し上げます）
8月	炎暑の候、残暑の候、晩夏の候（残暑厳しい折から）
9月	初秋の候、秋涼の候、涼月の候（秋風が快い季節となりましたが）
10月	秋冷の候、紅葉の候、秋晴れの候（秋も深まってまいりましたが）
11月	晩秋の候、落葉の候、向寒の候（朝夕冷え込んでまいりましたが）
12月	初冬の候、寒冷の候、師走の候（今年も残すところわずかになってまいりましたが）

・「暑中お見舞い申し上げます」は、小暑(しょうしょ)（太陽暦の7月7日ごろ）から立秋（太陽暦の8月7日ごろ）まで使える。8月8日の立秋を過ぎると、9月上旬の暑さが残っている時期まで、「残暑の候」「残暑お見舞い申し上げます」を使う。
・法人同士の取引文書や連絡文書など、定型的なビジネス文書では、「時下」が多用されている。
・仕事関係でも、挨拶状や招待状などの社交文、個人への手紙の場合は、季節の言葉をふったほうが、ていねいさが増す。
・（　）は、どちらかというとプライベート向きだが、個人宛の社交文などでも使える。

● 時候の挨拶（安否の挨拶）

■時候の挨拶の「季節の言葉」（前ページ）に続けて、「安否の挨拶」（ビジネス文書では健勝や繁栄を祝う言葉）を入れる。

ビジネス文書でよく使われる定型的な表現

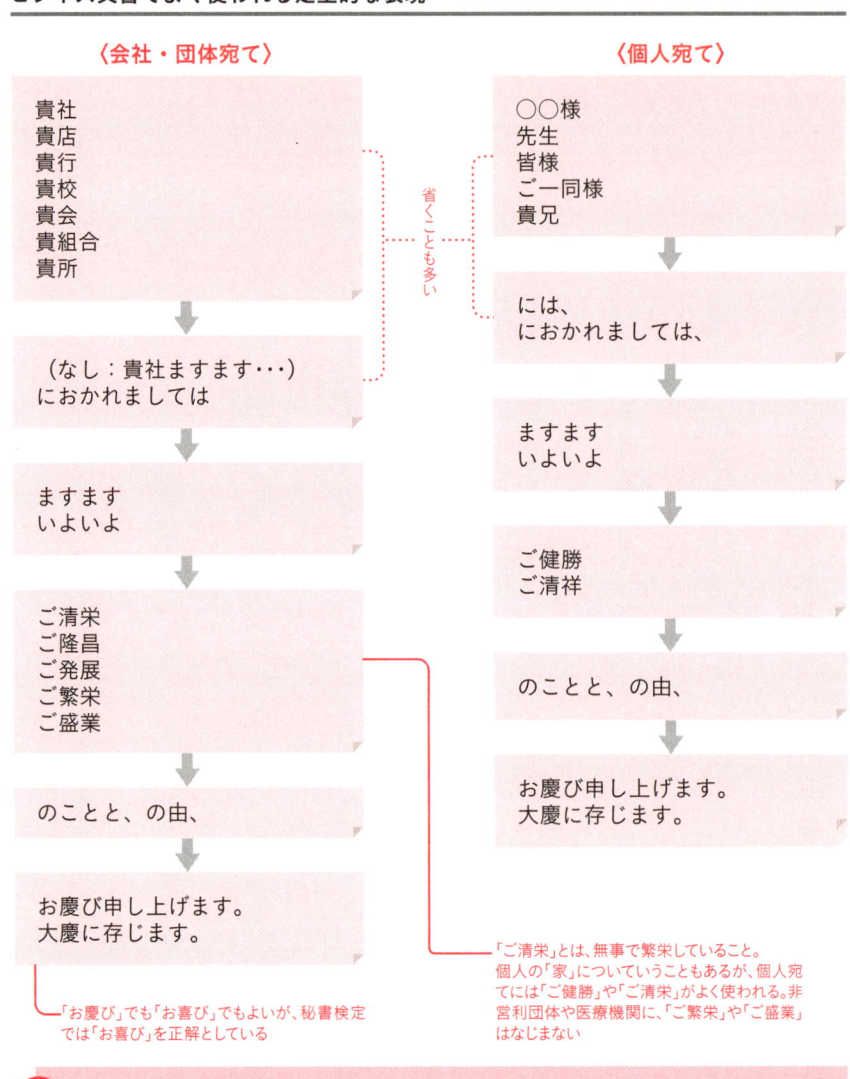

〈会社・団体宛て〉

- 貴社
- 貴店
- 貴行
- 貴校
- 貴会
- 貴組合
- 貴所

↓

（なし：貴社ますます…）
におかれましては

↓

ますます
いよいよ

↓

ご清栄
ご隆昌
ご発展
ご繁栄
ご盛業

↓

のことと、の由、

↓

お慶び申し上げます。
大慶に存じます。

「お慶び」でも「お喜び」でもよいが、秘書検定では「お喜び」を正解としている

〈個人宛て〉

- ○○様
- 先生
- 皆様
- ご一同様
- 貴兄

↓

には、
におかれましては、

↓

ますます
いよいよ

↓

ご健勝
ご清祥

↓

のことと、の由、

↓

お慶び申し上げます。
大慶に存じます。

省くことも多い

「ご清栄」とは、無事で繁栄していること。個人の「家」についていうこともあるが、個人宛てには「ご健勝」や「ご清祥」がよく使われる。非営利団体や医療機関に、「ご繁栄」や「ご盛業」はなじまない

完成 貴社、ますますご清栄のことと、お慶び申し上げます。

● 日ごろへの感謝の言葉

■ 「お世話になっております」を手紙用語で書くのが「日ごろへの感謝の言葉」。ただし、シチュエーションによって入れるかどうかを判断すること。

ビジネス文書でよく使われる定型的な表現

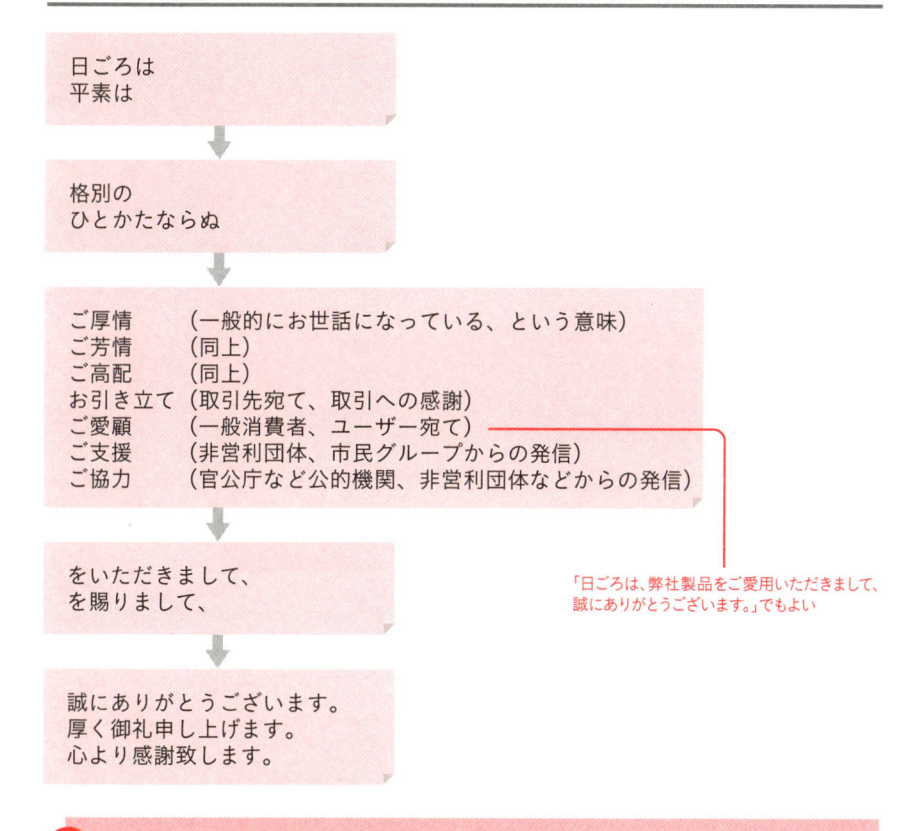

日ごろは
平素は

↓

格別の
ひとかたならぬ

↓

ご厚情　　（一般的にお世話になっている、という意味）
ご芳情　　（同上）
ご高配　　（同上）
お引き立て（取引先宛て、取引への感謝）
ご愛顧　　（一般消費者、ユーザー宛て）
ご支援　　（非営利団体、市民グループからの発信）
ご協力　　（官公庁など公的機関、非営利団体などからの発信）

「日ごろは、弊社製品をご愛用いただきまして、誠にありがとうございます。」でもよい

↓

をいただきまして、
を賜りまして、

↓

誠にありがとうございます。
厚く御礼申し上げます。
心より感謝致します。

完成　日ごろは、格別のお引き立てを賜り、誠にありがとうございます。

■ 「日ごろへの感謝の言葉」を入れないとき
・お祝い状：相手を祝うことが第一なので、自分たちのことは控える。
・お礼状：本文でお礼を言うので、前文の感謝の言葉は省いたほうがすっきりする。
・お見舞い状、お悔やみ状など：不運を気づかう手紙の場合は、前文そのものを省くことが多い。
・抗議状など：緊張感をもたせたい手紙には書かない。

基本ルール 13 手紙の本文・末文のまとめ方

前文の後、本文で用件を伝え、末文でしめくくるという、手紙独特のパターンを活用しましょう。

● 本文の切り出し方

■前文の後、改行して、次のような言葉で本文を始める。

本文の切り出し例	つながる内容の例
さて、	恒例の役員会を開催する時期となり…
このたび、	研修会でのご講演のお願いをご快諾、…
さて、このたび、	当社では新商品開発の調査のため、…
さて、早速ながら、	お電話でご連絡致しました件につき、…
先日は、	弊社までご足労賜り、誠にありがとう…
先般は、	展示会にご来場賜り、誠にありがとう…
かねてより、	新宿副都心に建設中の新社屋が、…
うかがいましたところ、	○○様にはご療養のため長期の、…

● 本文をわかりやすくまとめるコツ

▪「結論先行」がわかりやすい
結論を先に書き、理由や経過を後に続ける書き方をすることで、読む人に用件を明解に伝える。ただし、ストレートに言うことがはばかられるような場合は、経過や理由を先にする工夫も必要。

▪ 文章は短く
ずらずらと長く続く文章は読みにくいので、適度に読点（。）で文章を切るようにする。

▪ ムダな装飾語は削る
一度書き終わった後、見直しながら、ムダな装飾語を削っていくと読みやすくなる。強調の「たいへん」「非常に」「とても」などは、ウルサくなっていないか、冷静な目で見直そう。

▪「ねじれ」を正す
逆接が続くとわかりにくい。その場合は、文章を整理する。

〈例〉
「Aがよい。しかしBもある。しかしAは人気がある。しかしBもよい面がある」
⬇
「Aはよい。人気もある。しかし、Bもあり、よい面がある」

● 記書き・別紙の使い方

■複雑な用件は、箇条書きにしたり、記書きや別紙にまとめる。下のような使い分けが考えられる。

書式	適している内容例
本文内での箇条書き	本文の流れの中で解説したほうがよい理由や原因などの列挙。
記書き	イベントの日時・場所などを知らせる案内状、注文書、依頼状など。
別紙	企画や見積もりなどの案を示す場合、まとまったデータを示す場合、受け取った相手が、その部分だけを配布する可能性があるものなど。

● よく使う末文

■末文は、手紙のしめくくりとして、ていねいさを強調したり、用件の念を押したりする機能がある。下は常套句。右のような末文も、便利。

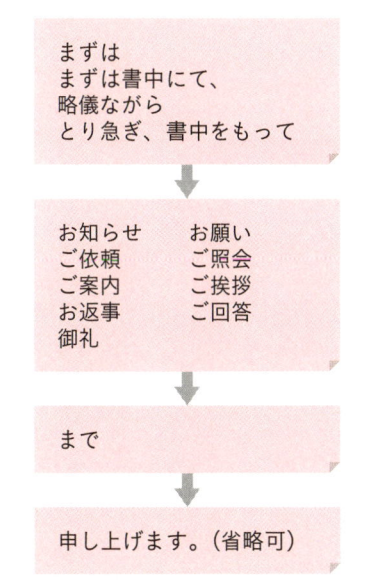

まずは
まずは書中にて、
略儀ながら
とり急ぎ、書中をもって

↓

お知らせ　お願い
ご依頼　　ご照会
ご案内　　ご挨拶
お返事　　ご回答
御礼

↓

まで

↓

申し上げます。（省略可）

■ **今後のお願い**
今後とも、よろしくお願い申し上げます。
今後とも、倍旧のお引き立てを賜りますよう、お願い申し上げます。
今後とも、ますますのご指導ご鞭撻をお願い申し上げます。

■ **健康を気づかう（個人向け）**
時節柄、ご自愛のほどお祈り申し上げます。
末筆ながら、皆様のご健康（ご健勝）をお祈り申し上げます。

■ **返事を求める**
恐れ入りますが、お返事をいただきたく、お願い申し上げます。
貴意おうかがい申し上げます。

基本ルール

14 封筒の書き方

封筒の書き方にも、封筒の形や縦書きか横書きかによって、決まりがあります。

● 大判の社用封筒では？

■最初に、中央の宛名から書くと、位置を決めやすく、インクの乾きを気にしないで書ける。

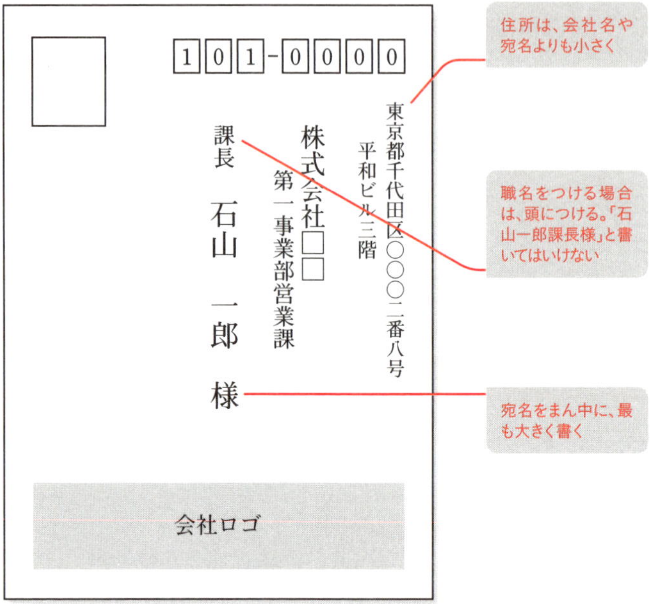

101-0000
東京都千代田区〇〇〇二番八号
平和ビル三階
株式会社□□
第一事業部営業課
課長
石山 一郎 様
会社ロゴ
住所は、会社名や宛名よりも小さく
職名をつける場合は、頭につける。「石山一郎課長様」と書いてはいけない
宛名をまん中に、最も大きく書く

● 市販の長形封筒の場合

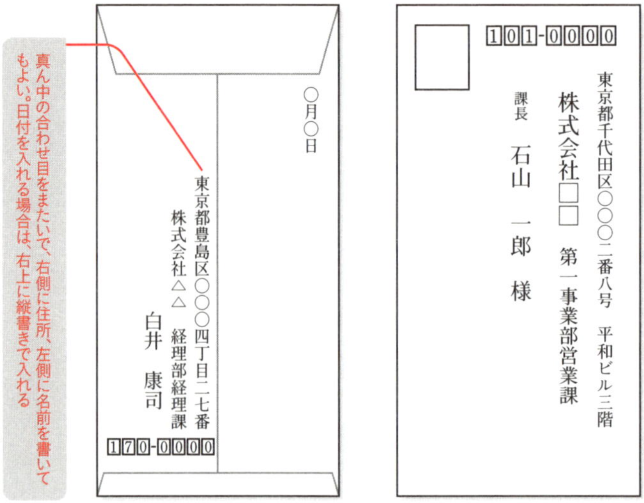

真ん中の合わせ目をまたいで、右側に住所、左側に名前を書いてもよい。日付を入れる場合は、右上に縦書きで入れる
〇月〇日
東京都豊島区〇〇〇四丁目二七番
株式会社△△ 経理部経理課
白井 康司
170-0000
101-0000
東京都千代田区〇〇〇二番八号 平和ビル三階
株式会社□□ 第一事業部営業課
課長
石山 一郎 様

● 横書きの場合

■ 横書きの場合は、郵便番号記入欄と切手の位置との関係に注意。

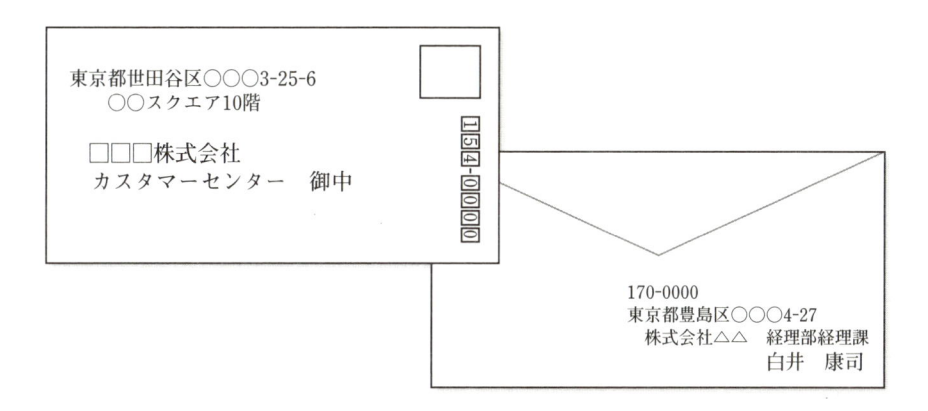

東京都世田谷区〇〇〇3-25-6
　　〇〇スクエア10階

　□□□株式会社
　　カスタマーセンター　御中

154-0000

170-0000
東京都豊島区〇〇〇4-27
　株式会社△△　経理部経理課
　　　　　　　白井　康司

● 白カード用などの洋封筒

■ 縦書きの場合

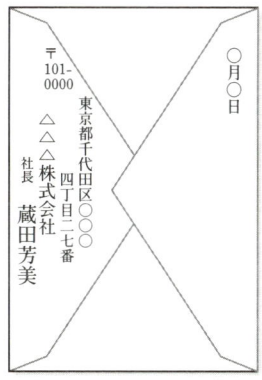

114-0000
東京都北区〇〇二丁目三号
山本　玲子　様

〒101-0000
東京都千代田区〇〇〇
四丁目二七番
△△△株式会社
社長　蔵田芳美

〇月〇日

〒101-0000
東京都千代田区〇〇〇
四丁目二七番
△△△株式会社
社長　蔵田芳美

通常は、右閉じに

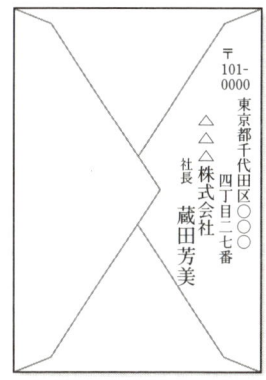

弔事の場合は、左閉じにする

■ 横書きの場合

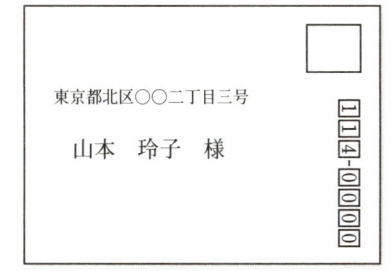

東京都北区〇〇二丁目三号
　山本　玲子　様

114-0000

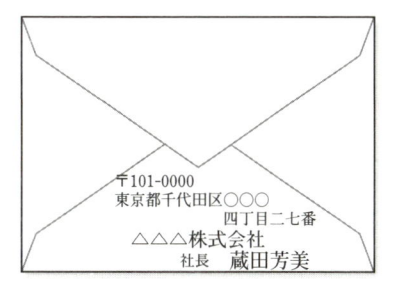

〒101-0000
東京都千代田区〇〇〇
　　　　　　　四丁目二七番
　△△△株式会社
　　社長　蔵田芳美

15 基本ルール ハガキの書き方

Part2で紹介したように、挨拶状やお礼状などでハガキを使うことがあります。要注意ポイントは？

● 表書き

■ 縦書きの場合（標準）

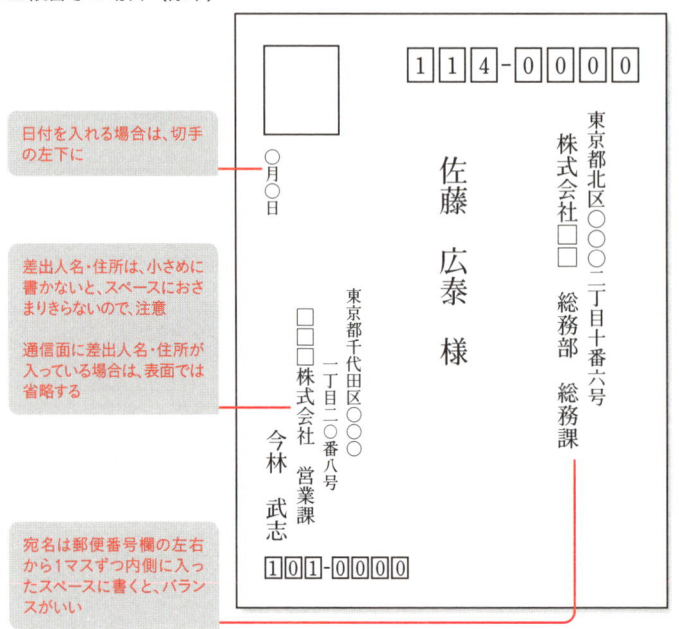

```
114-0000
東京都北区○○○二丁目十番六号
株式会社□□　総務部　総務課
佐藤　広泰　様

○月○日

東京都千代田区○○○
一丁目二〇番八号
□□□株式会社　営業課
今林　武志
101-0000
```

- 日付を入れる場合は、切手の左下に
- 差出人名・住所は、小さめに書かないと、スペースにおさまりきらないので、注意
- 通信面に差出人名・住所が入っている場合は、表面では省略する
- 宛名は郵便番号欄の左右から1マスずつ内側に入ったスペースに書くと、バランスがいい

■ 横書きの場合

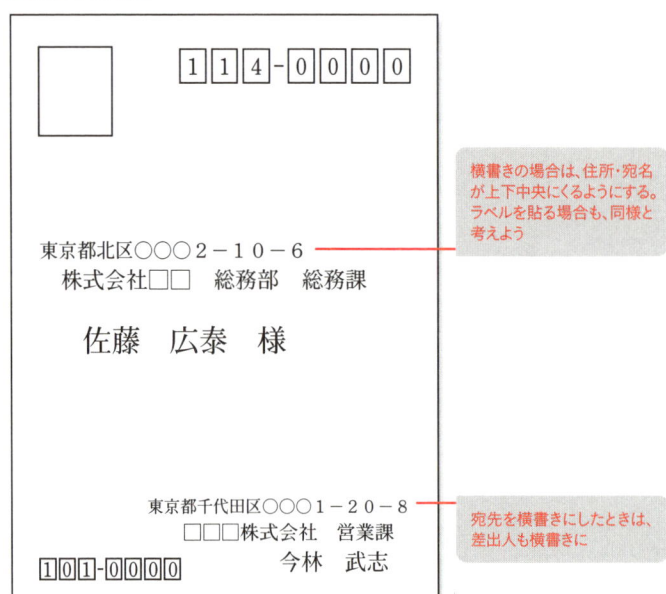

```
114-00000

東京都北区○○○2-10-6
株式会社□□　総務部　総務課
　佐藤　広泰　様


東京都千代田区○○○1-20-8
□□□株式会社　営業課
　今林　武志
101-0000
```

- 横書きの場合は、住所・宛名が上下中央にくるようにする。ラベルを貼る場合も、同様と考えよう
- 宛先を横書きにしたときは、差出人も横書きに

● 通信面の使い方

■ 用件は手短に…

```
拝啓　秋涼の候、ますますご健勝のこととお慶び申し上げます。
　さて、私こと
九月一日をもちまして、総務部人事課から営業部営業課に異動致しました。総務部在籍中は、格別のご厚情を賜り、誠にありがとうございました。心より御礼申し上げます。
　営業部では、心機一転、努力してまいる所存でございますので、今後とも、ご指導賜りますよう、お願い申し上げます。
　まずは、御礼かたがたご挨拶まで申し上げます。
　　　　　　　　　　　　　　　　　　　　　謹白
平成○年九月
〒一○二－○○○○
東京都千代田区○○○1-2-3
□□□□株式会社営業部営業課
電話○○○-○○○○
　　　　　　　　　　定岡　良一
```

限られたスペースなので、内容を精選して、手短に書こう。手書きで書く場合は、下書きをして分量、文字の大きさ、余白、書き始めの位置を調整する。

ハガキは、封を開けなくても、すぐに読める手軽さがメリット。持ち歩くのにも便利なので、簡易な案内状にも適している。

反面、プライバシーにふれることや機密事項にかかわる伝達には向かない。

```
　　　　○○展示会のご案内

　初夏の候、ますますご健勝のこととお慶び申し上げます。
　さてこのたび、下記のとおり、著名デザイナーの手による○○の展示会を開催することになりました。かつてない斬新なデザインの○○が多数出品されておりますので、ぜひご来場いただき、手に取ってご覧いただきたく、ご案内申し上げます。

　　　　　　　　　　　　　□□□□協会

　会場　■■■■■
　期間　■■■■■
　問い合わせ先　■■■■■
　00-0000-0000
```

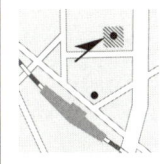

● 出欠の返事の書き方

- 名前や住所の「御」「ご」「芳」は、二重線で消す
- 表書きの返信先の「行」は、二重線で消し、「様」(個人名)か「御中」(係、組織名)に直す
- 軽い欠席理由は失礼。同窓会などは「出張と重なり」でもよいが、結婚式では、理由として軽すぎる

```
御出席　致します。
　　　　皆様とお目にかかれますことを
　　　　楽しみにしております。
御欠席
御芳名　矢島　弘子
御住所　〒一七○－○○○○
　　　　東京都豊島区東池袋○○○
```

```
御出席
御欠席　残念ですが、どうしても都合がつかず、出席できません。ご盛会をお祈り致しております。
御芳名　矢島　弘子
御住所　〒一七○－○○○○
　　　　東京都豊島区東池袋○○○
```

● 敬語の種類

■敬語には、次の3種類がある。

尊敬語 相手にかかわることや相手の行動を敬って表す言葉。

〈例〉「先生は、私の書いた手紙をお読みになると、苦笑されました。それから、ていねいに間違いをご指導くださいました。ご厚意に感謝しています」

- ご（お）…になる
- ご（お）…くださる
- …れる …られる
- …なさる ご（お）…なさる
- 敬う対象に所属するものにつける
  接頭語「お」「ご」など（例・お名前、ご住所）
- 特定の尊敬語 召し上がる いらっしゃる etc.

尊敬
相手への尊敬を表し、持ち上げる表現

謙譲語 自分にかかわることや自分の行動をへりくだって表現して、相手への敬意を表すもの。

〈例〉「ご報告します。ただいま、お客様をタクシー乗り場までご案内致しました。ご自宅までお送り申し上げるつもりでしたが、かえってご迷惑かと思い、お礼を申し上げて、失礼致しました」

- ご（お）…する
- ご（お）…申し上げる
- ご（お）…いただく
- ご（お）…致す
- 敬う対象に向けてのものにつける
  接頭語の「ご」「お」など（例・お手紙、お電話）
- 特定の謙譲語 うかがう お目にかかる
  申す 申し上げる etc.

謙譲
自分を低くしてへりくだる表現

丁寧語 「です」「ます」「お」「ご」などのていねいな表現。

〈例〉「たいへんです。お洋服が汚れています。お手洗いは、こちらでございます」

- …です
- …ます
- …ございます
- ものごとを美化する接頭語の「ご」「お」

丁寧

---

16 基本ルール

尊敬語・謙譲語の基本

メール・手紙・電話で苦労するのは、やっぱり敬語の使い方。まずは、基本を頭に入れましょう。

● 関係による尊敬語と謙譲語の使い分け

■「外」の相手に、自分や「身内」にあたる人物のことを話したり、「外」の相手に向かって自分や「身内」にあたる人物の行為などを表現する場合は、謙譲語を用いる。

ケース1　あなたは社長から話しかけられました…

a
「お母さんは元気かね」
「はい、元気にしております」（謙譲語）

b
「鈴木くん（あなたの上司）はいないの？」
「課長は、今、外出されています」（尊敬語）

c
「□□社とはその後どうなっているかね？」
「はい。先日、担当の佐藤係長とお目にかかりました」
（謙譲語）　　　　　　＊人名の後ろにつく役職名は敬称

d
「そのとき、佐藤係長に企画書を渡した？」
「はい。お渡しして、鈴木課長からご説明しました」
（謙譲語）

ケース2　あなたは取引先の担当係長と話しています…

a
「大山社長は、先週から渡米されておられるとうかがいましたが？」
「はい。明後日に戻る予定になっております」（謙譲語）

b
「山田からは、お見積もりをお送りしておりますでしょうか？」
「はい。先週お送りいただきました」（尊敬語）

c
「大山社長も、もうご覧になられましたか？」
「社長は、帰国後に拝見したいと申しておりました」
（謙譲語）

d
「来週の会議には、どなたがおいでになりますか？」
「課長の鈴木と私がまいります」（謙譲語）

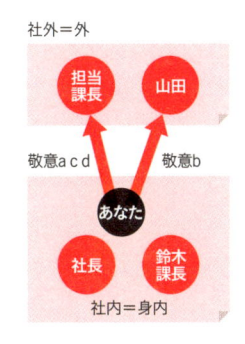

17 よく使う敬語表現

基本ルール

敬語をマスターする近道は、よく使う言い回しを覚えてしまうこと。ビジネスで重要な表現は…。

● 基本的動作についての敬語表現

■日常生活の基本動作を表現する敬語。

意味	尊敬語	謙譲語
する	される なさる	致す
行く 来る 訪ねる	いらっしゃる おいでになる お越しになる	うかがう 参る 参上する
会う	お会いになる	お目にかかる
考える 思う	お考えになる 思し召す	存ずる 拝察する
知る	お知りになる	存ずる 存じ上げる
見る	ご覧になる	拝見する
見せる	お見せになる	お目にかける
聞く	お聞きになる	(音声を) 拝聴する (用件を) 承る、うかがう
言う	おっしゃる	申す、申し上げる
読む	お読みになる	拝読する
食べる	召し上がる	いただく
与える 贈る	くださる 賜る	差し上げる お贈りする
もらう 受け取る	お受け取りになる お納めになる	いただく、頂戴する 賜る、拝受する

● ビジネスシーン別よく使う敬語表現

■仕事の基本動作の中で、よく登場する敬語表現を挙げてみよう。メールの場合は、軽めの敬語表現におさえる。★は、主にかしこまった文書のみで使う用語。

用途別
- **上役** 社内の上位の人への敬語。
- **社外** 取引先への業務連絡などビジネスライクなやりとり、身近な目上の人への敬語。
- **VIP** 取引先の偉い人、ふだん会わない年長者など、気をつかう相手への敬語。

送ってほしいというお願い

- **上役** ○○をお送りください(ますよう、お願い致します)。
- **社外** ○○をお送りいただきたく、お願い申し上げます。
  ○○をご送付くださいますよう、お願い致します。
- **VIP** ○○をお送り賜りたく、お願い申し上げます。
  ○○をご送付賜りますよう、お願い申し上げます。

＊いずれの場合も、頭に「恐れ入りますが、」「お手数ではございますが、」「ご多忙のところ申し訳ございませんが、」などの言葉をつけると、ていねいになる。

書類やメール等を送るという連絡

- **上役** ○○をお送りします。
- **社外** ○○をお送り致します。
- **VIP** ○○をお送り致します。　　○○を送らせていただきます。
  ○○をお送り申し上げます。　○○を拝送申し上げます。

＊送付状などでは、「○○の書類をお送り致しますので、ご査収くださいますようお願い申し上げます」などと書く場合が多いが、「査収」とは、「金銭・物品・書類などをよく調べて受け取る」という意味で、業務上のやりとりにのみ使う表現。社交的な贈り物などには、用いない。

書類やメール等を受け取ったという連絡

- **上役** ○○を受け取りました。
- **社外** ○○をいただきました。
  ○○を受領致しました。
- **VIP** ○○を受領致しました。
  ○○を拝受致しました。★
  ○○を拝領致しました。★

贈り物を受け取ったお礼の言葉

上役・社外　○○をいただきまして、誠にありがとうございました。
　　　　　　○○をお贈りくださいまして、誠にありがとうございました。
　　　　　　○○を頂戴致しまして、誠にありがとうございました。
VIP　○○をご恵贈賜り、心より御礼申し上げます。★

こんな表現も

このたびは、誠に結構なお品をご恵贈賜りまして、誠にありがとうございます。ご芳情に厚く感謝し、御礼申し上げます。★
このたびは、お心づかいをいただき、恐縮致しております。ありがとうございました。

＊もらった物（○○）は、「結構なお品」「貴重なお品」などと表現し、品名を書かないほうが上品。身近な関係や親しい上司・同僚であれば、思ったままに表現すればよく、あまり気をつかう必要はないだろう。

了承を求める言葉（OKが予測される場合）

上役　ご了承ください。
社外　なにとぞご了承くださいますよう、お願い申し上げます。
　　　　なにとぞご了承のほど、お願い致します。
VIP　なにとぞご了承賜りたく、お願い申し上げます。
　　　　なにとぞご高承賜りたく、お願い申し上げます。★

了承してもらえるかどうかわからず、相手の承諾の可否をたずねるとき

上役　ご了承いただけますでしょうか？
社外　ご了承いただきたく存じますが、いかがでございましょうか。
VIP　ご了承賜りたく存じますが、いかがでございましょうか。
　　　　ご了承をいただけましたら、誠に幸甚に存じます。ご返信のほど、お待ち申し上げます。

お招きしたいときの言葉

上役　いらっしゃってください。おいでになってください。
社外　どうぞお越しください。ご来場ください。
　　　　ぜひご来場くださいますよう、お願い申し上げます。
VIP　ぜひともご来場賜りますよう、お願い申し上げます。

こんな表現も

＊結婚式や周年行事などのフォーマルな招待状では、相手にかかわらず、次のような表現をすることが多い。
　なにとぞご臨席賜りますよう、お願い申し上げます。★
　なにとぞご光臨賜りますよう、ご案内申し上げます。★

来てもらったときのお礼の言葉

上役・社外 おいでいただきまして、ありがとうございました。
　　　　　　ご出席いただき（ご出席くださり）、ありがとうございました。
社外　　ご足労いただきまして、ありがとうございました。
　　　　　ご来社いただきまして、ありがとうございました。
VIP　　お運びいただきまして、誠にありがとうございました。
　　　　　ご来訪を賜りまして、誠にありがとうございました。
　　　　　ご列席を賜りまして、誠にありがとうございました。
　　　　　ご来臨賜り、心より御礼申し上げます。★

こんな表現も

このたび、私どもの25周年祝賀会に際しましては、ご多忙の中、ご来臨を賜りまして、誠にありがとうございました。ご厚情に、心より感謝申し上げます。★

会って話がしたいというお願い

上役　（部下として相談がある場合）面談をお願いします。折り入ってご相談があります。
社外　一度お会いしてお話をうかがいたく存じております。
　　　　お目にかかってご相談させていただければと存じます。
　　　　一度お目にかかって、お話をおうかがいできましたら幸いです。
VIP　ぜひともお目にかかってお話をうかがいたく、お時間をおとりくださいますようお願い申し上げます。
　　　　お目にかかってお話をおうかがいしたく、お時間をいただけましたら誠に幸いに存じます。
　　　　お目にかかることができましたら、誠に光栄に存じます。

＊「ご引見」は、高位の人が下位の者に会う場合の言葉で、やや大げさ。
＊「恐れ入りますが、」「ご多忙のところ恐縮ではございますが、」などをつけるとていねい。

迷惑をかけたことを詫びる

上役　ご迷惑をおかけし、申し訳ありません。
社外　ご迷惑をおかけ致しまして、誠に申し訳ございません。
　　　　たいへんなご迷惑をおかけしてしまい、お詫びの申し上げようもございません。
VIP　たいへんなご迷惑をおかけ致しましたこと、心よりお詫び申し上げます。
　　　　ご迷惑をおかけ致しまして、衷心よりお詫び申し上げます。

＊お詫び状では、「このたびは」が頭につく。
＊許しを乞う文章は、
　　なにとぞご容赦（ご勘弁）くださいますよう、お願い申し上げます。
　　なにとぞご寛恕＜かんじょ＞（ご寛容）賜りますよう、お願い申し上げます。★

18 基本ルール 敬称のつけ方・身内の呼び方

さまざまな敬称や、身内をへりくだって呼ぶ謙譲語も、敬語の重要なポイントです。

● 手紙の宛名につける敬称

■「様」「各位」などの使い方にも、ルールがあります。

様	個人につける敬称。手紙の宛先で、職名をつける場合は、「営業課長　進藤　一郎　様」とする。
殿	個人につける敬称。最近はあまり使われないが、督促状など、いかめしい文書に緊張感をもたすために使うケースもある。また、名前がわからない管理職宛に出す場合に、「人事課長殿」とする場合もある。
先生	教員、医師、政治家、作家、弁護士、講師などの敬称は「先生」を使うことになっている。
御中	団体宛、部署宛、係宛のときの敬称。「販売課御中」「相談係御中」など。
各位	「〜の皆様へ」という意味。「各位」だけで宛先にする場合もあるが、「委員各位」「お取引先各位」のようにも使う。

● 管理職の呼び方

役職名は、名前の後ろにつけると敬称になる

　取引先の社員に、先方の部長のことを言いたいときは「○○部長」「○○課長」でよい。「○○部長様」は、敬称の重複になり、間違い。ただし、口語では、名前をつけないで「部長さん」と呼ぶ例は、よく見られる。

　取引先の社員に、自社の管理職のことを言いたいときは、「部長の川口が…」と言う。「川口部長」と言うと、自社の管理職に敬称をつけたことになるので、ふさわしくない。

　自社の社員同士で管理職のことを言うときは、「部長」「社長」「○○部長」「○○課長」などと呼んでもOK。会社によっては、役職名で呼ばない主義のところもあり、その場合は、お互いに「さん」づけで呼んでいる。

● 人やモノの呼び方

■相手側に属するものには尊敬の呼称を用いる。

△仕事の場面ではあまり用いない。

意味	相手側	自分側
本人	○○様　○○さん 貴殿　あなた　あなた様	私　私ども　△小生
団体	貴社　貴会　貴校　貴団体 御社（主に口語）	当社　弊社　小社 私ども　当方
夫	ご主人様　ご主人　○○様 △お連れ合い	夫　主人　○○（姓） △連れあい
妻	奥様　奥さん（口語）　ご令室 令夫人　△お連れ合い	妻　家内　△女房 △連れ合い
子ども	お子様　お子さん（口語）息子さん 坊ちゃん　お嬢さん　お嬢様 ご子息（様）　ご息女（様） ご令息（様）　ご令嬢（様）	息子　娘　長男　長女　愚息
家族	ご家族（様）　ご一同（様）	家族　家族一同　私ども
名前	お名前　ご芳名　ご署名	名前
贈り物	お心づくし　ご厚志　ご芳志 ご高配　ご厚意の品　結構なお品	粗品　粗菓　心ばかりのもの ささやかな品　気持ちばかりの品
手紙	お手紙　ご書面　ご書状　貴信 ご芳書　おたより　おはがき	手紙　書面　書状　はがき
思いやり	お心づかい　ご厚志　ご厚情 ご芳志　ご芳情	気持ち　微意
意見	お考え　ご意見　ご卓見　ご賢察 ご高説	考え　私見　所見　愚見 私意
家	お宅　貴家　貴邸　貴宅	拙宅　私宅
著書	ご著書　ご高著	拙著

● 宛先の書き方・送付状の使い方

基本ルール 19

間違いだらけのメール・手紙

マニュアルを見て書いても、思わぬところでマナーを踏み外していることも…。添削してみましょう。

宛先は「課長　藤田　宏様」とする
名前の後ろにつく役職名は敬称なので、「藤田　宏 課長様」は敬称の重複になり、間違い。

宛先にも差出人にも略称は用いない
「株式会社」と正式に書き、前につくのか後ろにつくのかも正確に。

　　　　　　　　　　　　　　　　　　　　平成○年○月○日

㈱△△
営業部営業課
藤田　宏課長様

　　　　　　　　　　　　　　　　　㈱□□　営業部
　　　　　　　　　　　　　　　　　担当　内山洋次
　　　　　　　　　　　　　　電話　00-0000-0000
　　　　　　　　　　　　　　FAX　00-0000-0000

　　　　　　　　　書類送付のご案内

　貴社ますますご清栄のこととお慶び申し上げます。
　下記書類を拝送いたしますので、ご査収くださいますようお願い申し上げます。

　　　　　　　　　　　　記

┌─────────────────────────────┐
│○○プロジェクト　企画案　1通   　　　│
│　　　　　　　　　　　　　　　　　　　　　　　以上│
│　　　　　　　　　　　　　　　　　　　　　　　　　│
│　　　　　　　　　　　　　　　　　　　　　　　　　│
└─────────────────────────────┘

（備考）
　ご依頼の内容にしたがって、案を作成してみました。あくまでも素案です。特に、スケジュールのところは、空白になっておりますので、貴社のご予定に合わせて、ご作成いただければと思います。当方の○○の期間は1カ月とお考えください。お忙しいところ、申し訳ありませんが、今月いっぱいで赤字を入れてご返信くださいますよう、お願い致します。

送付状の用途をこえている
送付状は、「送るだけ」でほかに用事がない場合に用いるもの。「備考欄」等は、あくまでも簡単な補足説明にとどめなくてはならない。このように、重要な依頼を含む場合は、改めてお願いの手紙として作成したほうがよい。

● 不適切なツール・敬語・返信手段への心づかい

依頼状はファクスでは失礼
講演などの依頼は、電話で承諾をとった後に、依頼状を郵送するのが正式マナー。急ぐ場合は、ファクスやメールでもしかたないが、ひとことお詫びを入れるべき。

担当者の入れ忘れは厳禁
たとえ電話で話した後のファクスであっても、担当者名はフルネームで入れる。これでは、先方は、変更があったときの連絡や、レジメを送るときにも困ってしまう。

FAX　　　　　　　　　送信日　○年○月○日

送信先：
東西大学
法学部
170-0000

浜田　明子　先生
FAX　00-0000-0000

送信元：
株式会社○○○○
170-0000
東京都豊島区○○1-2-3
TEL　00-0000-0000
FAX　00-0000-0000
人事部　担当：　✗

送信枚数（本紙を含め）2枚

件名：ご講演のお願い

通信欄：
　このたびは、当社の基礎研修のお願いをご快諾いただきまして、誠にありがとうございます。
　日時等は、下記のとおり予定しております。
　レジメ・資料などは、こちらで印刷しますので、9月5日までに送るようにお願いします。

記

テーマ　　基礎研修「ネットワーク時代の知的所有権」
日　時　　平成○年○月○日　午後3時〜5時
会　場　　本社10階　大会議室（地図参照）
ご謝礼　　80,000円（税別）

　　　　　　　　　　　　　　　　　　　　以上

「当社」でも間違いではないが…
お願いごとの場合は、「弊社」や「私ども」を用いるのが適切。自信をアピールしたい消費者へのPR、相手と対等あるいは上位に立ちたい交渉ごと（苦情など）では、「当社」を用いる。

尊敬語・謙譲語が必要
「レジメ・資料などがございましたら、こちらで印刷致しますので、9月5日までにお送りくださいますよう、お願い申し上げます」とすべき。また、最後に、「ご多忙のところ恐れ入りますが、なにとぞよろしくお願い致します。」などのフォローもほしい。

返信への心づかい
返信を郵便でもらう可能性がある場合は切手を貼った返信用封筒を用意する。返信をメールでもらう場合には、メールアドレスを明記する。アドレスを入力するのは手間がかかるので、先方のアドレスがわかっていれば、こちらからメールを出して返信してもらうようにする。

● メールマナー・同報送信

仕事では実名を
仕事のメールの差出人は、誰かすぐわかるように、実名を漢字かアルファベットで表記する。社名を付記する例も増えてきた。

無断で同報しない
メールアドレスを第三者に教える場合は、事前に了解をとるのがマナー。宛先（To）に並べてしまうと、このようにメール着信時にアドレスが見えてしまう。面識のない２人に、いきなりこのような同報メールを送るのはマナー違反。

差出人：neko
宛先：kuriyama@kaku.co.jp, ikeda@sankaku.co.jp, …
件名：よろしくお願いします

□□株式会社　営業課　栗山様
△△株式会社　制作グループ　大久保様

On 00.6.13 1:23 PM,"Kuriyama"kuriyama@abcd.co.jp wrote:
> 一度打ち合わせをしたいと思いますが、現場の話も聞きたいので、
> △△社にも同席していただけるとありがたいです。

ということですので、大久保さん、よろしくお願い致します。
打ち合わせの日程ですが、来月の５日（木）午後３時からではいかがでしょうか。
基本コンセプトとスケジュールについて、詰めたいと思います。
当社で会議室をとりたいと思いますので、ご都合をお聞かせください。
課題について、現在、お気づきの点も書き添えていただけると助かります。

栗山さん、○○地域のプロジェクトのほうの企画案も、修正したい点が何点かあります。
こちらも別の日に打ち合わせをしたいので、ご相談させてください。

では、どうかよろしくお願い致します。

```
* * * * * * * * * * * * * * * * * * *
  ★ ★ ★ ★ ★ ★ ★ ★ ★ ★
    ★ ★ ★ ★ ★ ★ ★ ★
      猫田佑二　nekota@abc.co.jp
      株式会社ABC　第一事業部　企画課
* * * * * * * * * * * * * * * * * * *
```

ビジネスの署名は簡潔に
ビジネスメールはなるべく簡潔にし、お互いに「スクロール」は少なくてすむようにするのがマナー。個人的なメールでは、凝った署名もよいが、ビジネスメールでは余計な飾りは無用。

用件は別メールに
「１メール１案件」が原則。「検索が命」のメールでは、件名と内容が食い違ってしまうのは致命的。

● 冷静に書く

```
                                    平成○年○月○日
工藤陽子　様
                          □□株式会社　サービス課
                                      後藤康祐
                          Tel　00-0000-0000
                          FAX　00-0000-0000

             保険金請求書ご提出のお願い

　このたびの事故につきましては、心よりお見舞い申し上げます。
　さて、先日、保険金のお支払いのために必要な手続書類をお送り
致しましたが、その後、ご返信をいただいておりません。何度もお
電話を致しましたが、ご不在でした。
　当社と致しましては、なるべく早く保険金のお支払いをさせてい
ただきたいと思っておりますので、ご協力くださいますよう、お願
い致します。
　必要書類は下記のとおりです。
　どうかよろしくお願い致します。

                         記

□・・・
□・・・
□・・・
□・・・

                                          以上
```

用件は具体的に
これは最悪の件名。メールを多数受け取る相手には、件名だけで用件がわかるようにする。「猫田です」など、名乗るだけの件名もわかりにくい。

挨拶を入れよう
メールで挨拶を忘れる人が多いが、「お世話になっております」くらいは入れないと失礼（返信の場合は「メールありがとうございました」）。

引用にもマナー
この場合、栗山さんは大久保さんに読まれるつもりのないメールを、引用によって読まれてしまっている。やってはならないマナー違反。

締切日を
返信を求める場合は、「いつまでに」を必ず入れること。みんな優先順位をもちながら仕事をしている。

「文面」からわき上がってくるもの
この文面は、言葉づかいはていねいではあるが、書き手の「いらだち」が伝わってしまっている。「返信をいただいておりません」「何度もお電話」「当社と致しましては」などの言葉が問題。また、相手が困っているかもしれない、連絡が行き違いになっているかもしれない、などのケースも想定した書き方にすべき。

本文の書き直し例

　さて、○月○日に、保険金お支払いのために必要な手続き書類をお送り致しましたが、お手元に届いておりますでしょうか。ご返送いただき次第、保険金お支払いの手続きをさせていただきたいと思っております。まだ、お手元にございましたら、至急、ご手配いただきたく、お願い申し上げます。
　下記書式を、再度同封致しますので、お確かめいただき、ご不明な点等がございましたら、お手数ですが、担当・後藤までご連絡ください。
　ご多忙のところ、誠に恐縮ではございますが、なにとぞよろしくお願い申し上げます。
　なお、本状と行き違いで書類をご送付いただいている場合は、ご容赦ください。

基本のフォーマット

社交的な手紙・パーソナルな手紙

レターヘッド letterhead
これは、私信用。取引先の人物宛てでも個人的な気持ちを伝える社交状などは、私信用のレターヘッドにする。ヨーロッパでは、この１行目に氏名も入れて、下はサインのみにする場合が多い。公式の業務文書の場合は、会社のシンボルマークや社名ロゴ、住所などが入ったレターヘッド（左ページ参照）を用いる。

```
                                    x-x-x Sanbancho
                                    Chiyoda-ku, Tokyo 102-0075
                                    JAPAN

                                    April 15, 20xx

Mr. Tom Smith, Manager
ABC Corporation
xxxx street, suite xxxx,
New York, NY10119
USA

Dear Mr.Smith:

We are pleased to inform you that we have moved our offices to XXX street and
that we are now set to start our business.

We would also like to express our deep gratitude to you for sending us a
beautiful picture for our new offices, in whose entrance we have placed it. It
gives us a great feeling of wellbeing.

I look forward to meeting you at the convention to be held in Yokohama in
September, 20xx.

Thank you again for your thoughtful gift.

                                              Sincerely yours,

                                              Ayako Machida
                                              Ayako Machida
                                              XYZ Corporation
```

署名宛名 inside address
個人名には、Mr.などの敬称をつける（敬称の書き方166ページ参照）

日付 date
アメリカ式。
イギリス式では、
15th April, 20xx

敬辞(挨拶) salutation
ていねいさに応じて、いろいろな表現がある。（敬辞の書き方166ページ参照）

本文 body
（例文は、新事務所開設祝いとして届いたギフトへのお礼）

結辞 complimentary close
手紙をしめくくる言葉。ていねいさに応じていろいろな表現がある（166ページ参照）。

署名 signature
肉筆のサイン。初めての相手には、活字も添える。サインの下の名前や社名・役職はレターヘッドに入れてもよい。

---

20 英文手紙の書き方

基本ルール

英文レターにも書式や慣用的な用語があります。典型的な形を挙げておきましょう。

基本のフォーマット

ビジネスレター

文書番号 reference
部署の略称記号とナンバリング番号などから構成される。

レターヘッド letterhead
公式のレターヘッドが入った手紙の内容は、会社としての意思表示を意味する。

書中宛名 inside address
会社宛ての場合。
★本人が不在でも開封して対応してほしいときは、宛名を会社もしくは部署宛てにし、下に行を空けて、「特定宛名」(Attention) を入れる。たとえば、Attention:Mr.John Anderson, President

---

XYZ Co.Ltd.
x-x-x Sanbancho, Chiyoda-ku, Tokyo 102-0075, JAPAN
Phone:813-0000-0000 Fax:813-0000-0000
URL=http://www.xyz.co.jp

Ref:AC-001
March 5, 20xx

ABC Corporation
xxx Street, Suite xxxx,
New York.NY10119
USA

Dear Sirs:

Subject: Request for Catalogue and price list

We are interested in the products of your company and would appreciate it if you could send us your catalogue with price list.

We shall look forward to receiving them. Thank you.

Sincerely yours,

Ayako Machida
Ayako Machida
Accounting
XYZ Corporation

敬辞(挨拶) salutation
個人宛てではない場合の敬辞(166ページ参照)。

件名 subject
必要に応じてつけてもつけなくてもよい。セミブロックフォームやインデントフォームでは左右中央に入れる。

本文 body
(例文は、カタログと価格表を請求する内容)

結辞 complimentary close
(166ページ参照)

書式について

右ページのように、日付や署名が右寄せになるものを、セミブロックフォームといい、上のように、すべて左寄せにするものを、フルブロックフォームという。ビジネスレターでは、タイピング効率のいいフルブロックフォームがよく用いられる。このほか、セミブロックスタイルと同様の配置で、本文の改行箇所の頭を5文字ほど下げて書くインデントフォームなどもある。

● 書中宛名の書き方

会社・団体宛て	役職名宛て	個人宛て
ABC Corporation xxx Street Suite xxx, New York, NY10119 USA	Manager Customer Services Division ABC Corporation xxx Street Suite xxx, New York, NY10119 USA	Ms.Mary Robinson Manager Customer Services Division ABC Corporation xxx Street Suite xxx, New York, NY10119 USA

● 敬称の種類

	単数	複数
男性	Mr.	Messrs.
女性	Miss（未婚） Mrs.（既婚） Mis.（未婚・既婚を問わない。ビジネスレターでよく使われる）	Mesdames

社名や役職名には何もつけなくてよい（個人名を含んだ社名にはMessrs.をつける）

● 敬辞の書き方例

会社・団体宛て	役職名宛て	個人宛て
Dear Sirs:（イギリス式） Ladies and Gentlmen:	Dear Sir or Madam: Dear Manager:	Dear Mr.Anderson: Dear Mis. Smith: Dear Jane Smith:

　敬辞は、書中宛名が会社・団体宛てか、役職名宛てか、個人宛てかに合わせる。個人宛ての場合は、書中宛名はフルネーム、敬辞はラストネーム（姓）にするのが正式だが、最後の例のように、敬称なしでフルネームを書くことも増えている。
　アメリカ式では、後ろにコロン（：）、イギリス式コンマ（，）をつける。
　このほか、親しい間柄では、Dear Jane（ファーストネームに敬称）、相手によって、Dear FriendやDear Teacher なども。

● 結辞の書き方例

フォーマル	ていねい	親しい関係
Very truly yours, Yours very truly, Yours faithfully, （イギリス式、ただし、個人名宛てでは、Yours sincerelyを用いる）	Yours truly, Sincerely yours, Sincerely,（英・米） Cordially yours, Cordially,	Yours,

● 国際郵便の封筒の書き方

■アメリカ式

　差出人の住所・氏名も表に書く形。表面にすべて印字したほうが効率がいいので、ヨーロッパでも、ビジネスレターはこの形がよく使われている。
　封筒の宛名は、手紙本体の書中宛名と一致していなくてはならない。

```
Ayako Machida
XYZ Corporation
x-x-x Sanbancho
Chiyoda-ku, Tokyo
102-0075 JAPAN


    AIR MAIL        Mr.Tom Smith, Manager
                    ABC Corporation
                    xxx street, Suite xxxx
                    New York, NY10119
                    USA
```

■ヨーロッパ式

　イギリスなどのヨーロッパ諸国では、日本と同じように、裏面に差出人の住所・氏名を書くのが伝統的なスタイル。個人的な手紙は、この形がよく使われている。

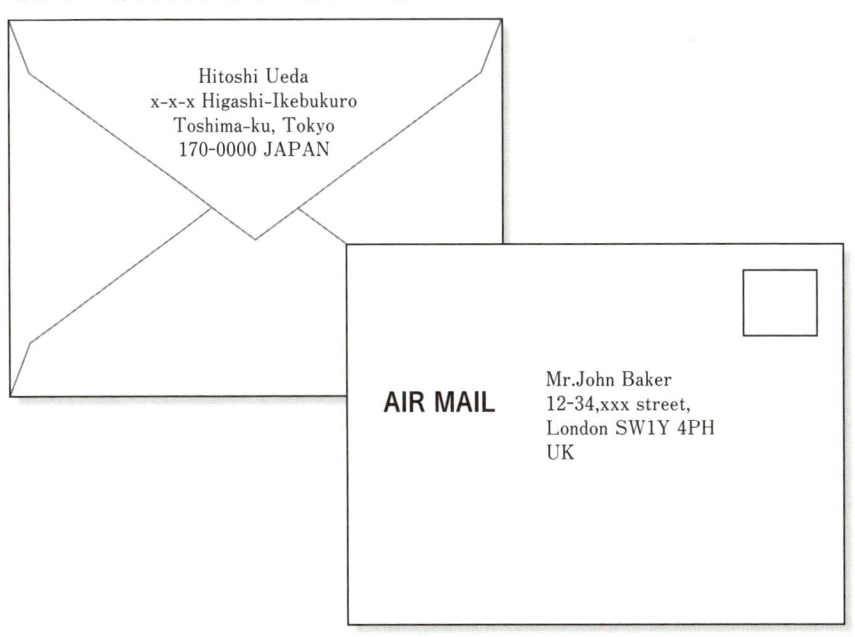

```
        Hitoshi Ueda
    x-x-x Higashi-Ikebukuro
       Toshima-ku, Tokyo
        170-0000 JAPAN


    AIR MAIL        Mr.John Baker
                    12-34,xxx street,
                    London SW1Y 4PH
                    UK
```

21 英文メールの書き方

基本ルール

手紙の書き方に準じて、敬辞・本文・結辞・署名の要素を忘れず、簡潔にまとめます。

● 基本のルールは同じ

■英文メールの場合も、メールマナーは日本語メールと同じ。内容の書き方は、英文の手紙（前節参照）に準じて書けばよい。ただし、書中宛名などは省略する。

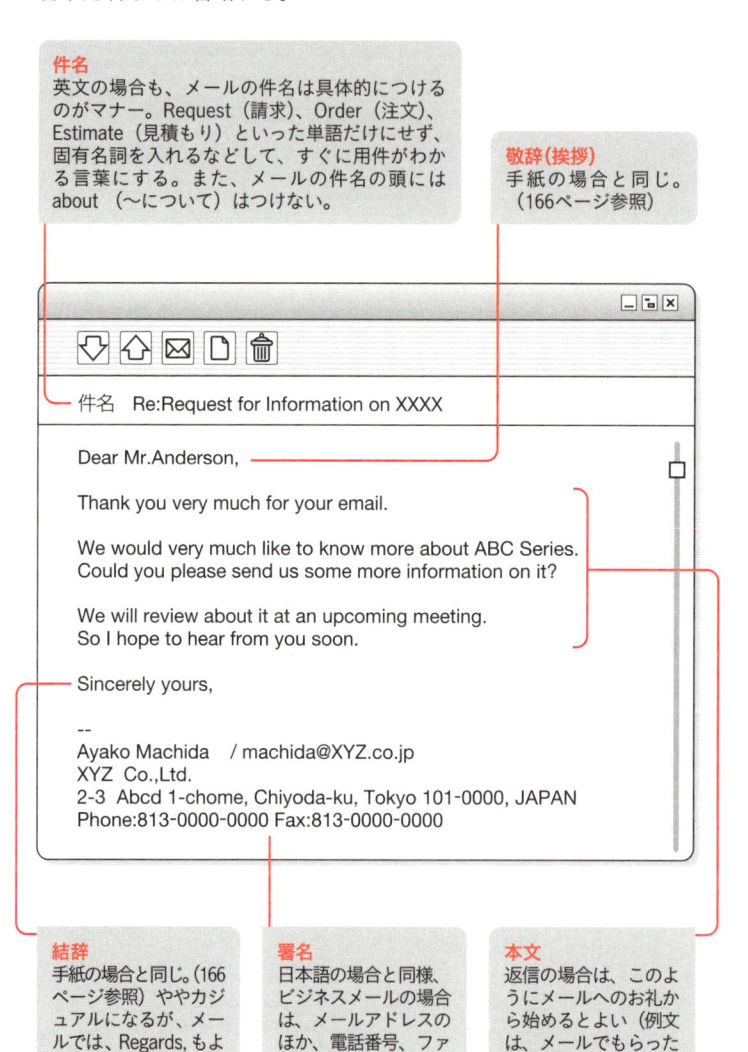

件名
英文の場合も、メールの件名は具体的につけるのがマナー。Request（請求）、Order（注文）、Estimate（見積もり）といった単語だけにせず、固有名詞を入れるなどして、すぐに用件がわかる言葉にする。また、メールの件名の頭にはabout（～について）はつけない。

敬辞（挨拶）
手紙の場合と同じ。（166ページ参照）

件名　Re:Request for Information on XXXX

Dear Mr.Anderson,

Thank you very much for your email.

We would very much like to know more about ABC Series.
Could you please send us some more information on it?

We will review about it at an upcoming meeting.
So I hope to hear from you soon.

Sincerely yours,

--
Ayako Machida　/ machida@XYZ.co.jp
XYZ Co.,Ltd.
2-3 Abcd 1-chome, Chiyoda-ku, Tokyo 101-0000, JAPAN
Phone:813-0000-0000　Fax:813-0000-0000

結辞
手紙の場合と同じ。（166ページ参照）ややカジュアルになるが、メールでは、Regards, もよく使われる。

署名
日本語の場合と同様、ビジネスメールの場合は、メールアドレスのほか、電話番号、ファクス番号も入れる。

本文
返信の場合は、このようにメールへのお礼から始めるとよい（例文は、メールでもらった商品情報に対して、さらに詳しい情報を求める内容）。

● 英文メールで知っていると便利な表現

I am writing to you regarding your product.
貴社の製品について、お問い合わせします。
（問い合わせをする場合の、決まり文句。製品の問い合わせや資料請求などの用件では、特に、書き手の自己紹介などは必要ない）

I was given your reference by Ms. Hayashi of XYZ.
I was referred to you by Mr. Hayashi of XYZ.
（2文とも）XYZ社の林さんからご紹介いただきました。

I would like to introduce myself. I work for XYZ Co.,Ltd....
自己紹介をさせていただきます。私は、XYZ社に勤めています。

Thank you for your response.
お返事をありがとうございます。

I am looking forward to hearing from you.
お返事をお待ちしています。

Your prompt response will be highly appreciated.
至急お返事をいただけると幸いです。

Thank you for your consideration.
ご検討くださいますよう、よろしくお願い致します。

Please feel free to contact us if you have any question.
ご質問がありましたら、遠慮なくご連絡ください。

I have attached the file.
ファイルを添付します。

☑ 注意！　全角の英数字は、外国のパソコンでは、文字化けする

海外で使用されているパソコンは通常、日本語を読める設定になっていないので、メールに全角の英数字、カナや漢字を含めると、無関係な記号に文字化けしてしまう。海外の相手にカナや漢字での字面を示したい場合は、画像にするしかない。

おわりに

この本では、

1 **仕事でのコミュニケーション術を、**
2 **実際の仕事の流れ、つまり「段取り」の一部として、**
3 **適切なツール選びを示しつつ、**
4 **そのまま使える実例を示して、**

解説しました。

このような構成を考えたのは、電話、メール、ファクス、文書についてのノウハウを個別にとらえるのではなく、「仕事の段取りの中でやり方を考える」ことの大切さを伝えたいと考えたからです。

技術の進歩で、コミュニケーションツールが多様になり、伝わるスピードも速くなり、ビジネス・コミュニケーションの常識は、大きく変化しています。「こんなときは、この方法で、この程度の表現」という感覚は、世代や業界によって多少異なりますが、最前線ではいつも「おおむね共通した常識」というものが形成されています。

これを踏まえること、そして、さまざまなシーンに応じて、フレキ

シブルに失礼のない表現できる語彙(ボキャブラリー)をもっていることが、仕事を進める上で、大きな武器になります。

常識やマナー、ルールは、一見「縛られるもの」と思いがちですが、実は、人と人とのコミュニケーションの一部を「定型化」することで、ムダを省き、安心して本題に力を注ぐことができるように工夫されたものでもあります。つまり、あなたをより「自由にするもの」でもあるのです。

仕事の能力の根幹は、一人ひとりの発想力や行動力にあるといえますが、プラス、コミュニケーション力がなければ、モニターやプリンタにつながっていないパソコンと同じで、その力を発揮することはできません。

まずは本書で、より自由に、コミュニケーションをとる力を身につけていただきたいと思います。

2009年4月

中川路亜紀

そのまま使える!
ビジネスマナー・文書

［著者］**中川路 亜紀**（なかかわじ・あき）

1956年、神戸市生まれ。早稲田大学第一文学部卒業。出版社勤務を経て、コミュニケーション・ファクトリーを設立。
著書は『気のきいた手紙が書ける本』、『ビジネス文書の書き方』、『［新版］これでカンペキ！誰でも書けるビジネス文書』（すべてダイヤモンド社）など。

そのまま使える！　ビジネスマナー・文書
手紙、メール、FAX、電話の書き方、伝え方、話し方

2009年4月2日　第1刷発行

著　者	中川路亜紀
発行所	ダイヤモンド社
	〒150-8409　東京都渋谷区神宮前6-12-17
	http://www.diamond.co.jp/
	電話／03・5778・7236（編集）　03・5778・7240（販売）
ブックデザイン	平塚光明（PiDEZA）
本文デザイン	斎藤広太（PiDEZA）、小沼郁代、川田昌史
イラスト	塚本さとみ
製作進行	ダイヤモンド・グラフィック社
印刷	勇進印刷（本文）・共栄メディア（カバー）
製本	宮本製本所
編集担当	和田史子

Ⓒ2009　中川路亜紀
ISBN 978-4-478-00803-4

落丁・乱丁本はお手数ですが小社営業局宛にお送りください。送料小社負担にてお取替えいたします。但し、古書店で購入されたものについてはお取替えできません。
無断転載・複製を禁ず
Printed in Japan

◆ダイヤモンド社の本◆

ちょっとした一言、自然な敬語表現など、日常生活で使える手紙の表現が1冊に！

気のきいた書き出し・結び、ご無沙汰の相手へ書く手紙、離婚のあいさつ、季節の言葉、ていねい度別の敬語、メール・携帯メールの例など、「おつき合い上手」になれる文例を厳選。伝えにくいことや何気ない一言の伝え方など、知っていると便利なフレーズも満載。

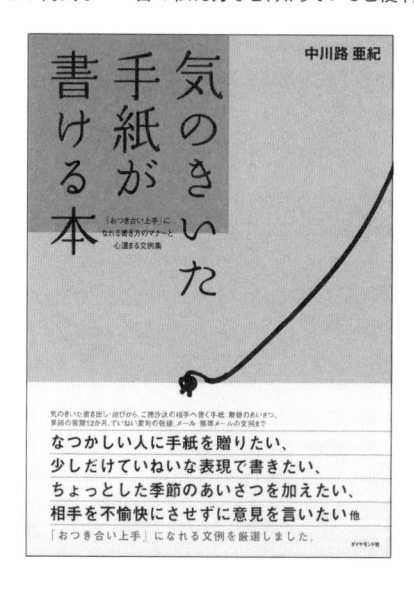

気のきいた手紙が書ける本
「おつき合い上手」になれる書き方のマナーと心温まる文例集

中川路亜紀 ［著］

●A5判並製●定価(本体1200円＋税)

http://www.diamond.co.jp/

◆ダイヤモンド社の本◆

利益に即つながるお礼状＝営業状の作り方・出し方・続け方のアイデア

本書は、お礼状の皮をかぶった"営業状"の書き方、実践例、継続のアイデアなどを紹介。「何気ないビジネス場面」でのお礼状文例21、お礼状を「営業活動の一環」として活用している具体例の紹介、お礼状の自動化・継続化のためのアイデア・グッズなど充実の内容。

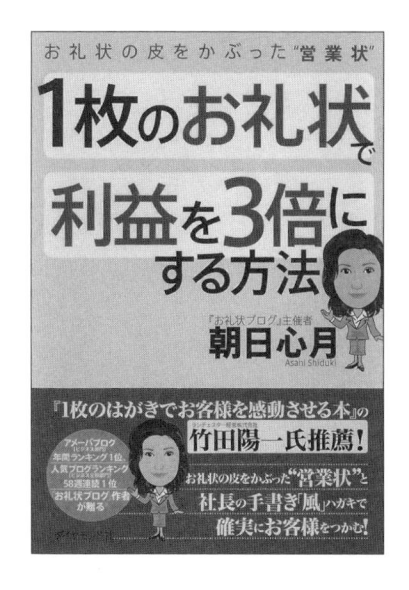

１枚のお礼状で利益を３倍にする方法

朝日心月 ［著］

●四六判並製●（本体1429円＋税）

http://www.diamond.co.jp/

◆ダイヤモンド社の本◆

すぐに役立つ！ そのまま使える！

むずかしいと思っていたビジネス文書がこの1冊で簡単に書ける！
具体的でわかりやすい56の基本文例と、自分でアレンジできる305の応用文例を収録。

ビジネス文書の書き方

中川路亜紀 ［著］

●A5判並製●定価（本体1400円＋税）

http://www.diamond.co.jp/